Maria Prean-Bruni / Daniel Exler

Ab durch die Decke – hinein ins Reich Gottes

Maria Prean-Bruni
Daniel Exler

AB DURCH DIE DECKE – HINEIN INS *Reich Gottes*

SCM
R.Brockhaus

SCM

Stiftung Christliche Medien

SCM R.Brockhaus ist ein Imprint der SCM Verlagsgruppe, die zur Stiftung Christliche Medien gehört, einer gemeinnützigen Stiftung, die sich für die Förderung und Verbreitung christlicher Bücher, Zeitschriften, Filme und Musik einsetzt.

MIX
Papier | Fördert gute Waldnutzung
FSC® C014496

3. Auflage 2024

Max-Eyth-Str. 41 · 71088 Holzgerlinen
Internet: www.scm-brockhaus.de; E-Mail: info@scm-brockhaus.de

Co-Autorin: Monika Müller
Umschlaggestaltung: Kathrin Spiegelberg, www.spika-design.de
Titelbild: Rahel Täubert, www.raheltaeubert.com
Satz: typoscript GmbH, Walddorfhäslach
Druck und Bindung: GGP Media GmbH, Pößneck
Gedruckt in Deutschland
ISBN 978-3-417-00049-8 · Bestell-Nr. 227.000.049

Dieses Buch ist ausschließlich Jesus Christus gewidmet.
In ihm wohnt die ganze Fülle der Gottheit leibhaftig
und durch ihn wurde alles geschaffen.

Inhalt

Vorwort

MARIA PREAN

**Er hat uns gerettet aus der Macht der Finsternis
und versetzt in das Reich des Sohnes seiner Liebe.
In ihm haben wir die Erlösung, die Vergebung der Sünden.**
Kolosser 1,13-14

Ich liebe es, im Königreich von meinem Herrn Jesus Christus zu leben! Halleluja! Es ist der beste, lebendigste und wunderbarste Ort! Ich bin der Macht der Finsternis ein für alle Mal entrissen und lebe jetzt im Reich Gottes! Dieses Königreich ist zwar unsichtbar für unsere normalen Augen. Aber für alle, die dem Herrn Jesus glauben und ihm nachfolgen, wird es erlebbar im Geist. Ein absolutes Wunder!

Wir können nur immer wieder staunen und anbeten, wenn Gott uns die Augen öffnet und wir sein unsichtbares Königreich erkennen. Und wenn wir erleben, wie die Prinzipien, die in seinem Reich gelten, uns einmal durch die Decke katapultieren! Ab durch die Decke deiner Vorstellungen! Ab durch die Decke von allem Mangeldenken! Ab durch die Decke von Kleinglauben, Angst und Einsamkeit! Ab durch die Decke für dein natürliches Leben – hinein ins Reich Gottes!

Es ist das Geschenk von Gott für uns, dass wir mit unserem wunderbaren Herrn Jesus Christus ganz eins werden können. Das heißt: Wie er ist, so bin auch ich. Wo er ist, da bin auch ich. Was er denkt, sagt und tut, das denke, sage und tue auch ich. Ganz und gar eins. Hört sich das nicht nach Herrlichkeit an? Ja, und das ist es auch, so zu leben.

Durch Jesus wird in uns etwas völlig Neues geschaffen – etwas nie Dagewesenes. Das heilt unsere ganze Persönlichkeit, weil Christus unser Leben wird. Und wenn Jesus Christus mein Leben ist – wo lebe ich dann? Genau! Dort, wo *er* wohnt. Seine Heimat ist das Reich Gottes, das Reich, in dem unser Papa König ist!

Gott hat nie beabsichtigt, dass wir als seine Kinder nur mühsam und voller Mangelerscheinungen durch dieses Leben dahinvegetieren. Nein! Das Ziel ist, dass wir in Christus weit überwinden! Wir dürfen mit Christus allezeit im Triumphzug umherziehen! Er ist gekommen, um uns das Leben in Fülle zu schenken.

Mit meinem Herrn Jesus unterwegs zu sein, ist überhaupt keine religiöse, fromme Leistung! Es gibt nichts, was *ich* einbringen könnte, um in Gottes Herrlichkeit zu landen. Es geht einfach um eine tiefe Verbindung mit meinem geliebten Jesus. Halleluja! Uns ist bereits alles geschenkt, was zum Leben in Gottesfurcht nötig ist, sagt uns der Apostel Petrus (2. Petrus 1,3). In Jesus Christus können wir in göttlichem Reichtum leben und in seinen Wunden völlige Heilung finden.

Die Erlösung durch Jesus Christus ist dermaßen vollkommen, dass wir aus reiner Gnade vollständig wiederhergestellt werden können – und zwar mit allem, was uns Menschenkinder ausmacht! Es ist Zeit für uns alle, dass wir durchbrechen auf eine ganz neue Ebene. Bist du dabei?

Dieses Buch, das Pastor Daniel und ich gemeinsam geschrieben haben, soll wie ein Katapult sein. Lass dich hineinschleudern in das Reich Gottes und seine vollkommenen Prinzipien. Wir ermutigen dich, die göttlichen Wahrheiten zu ergreifen und ein Überwinder im Reich Gottes zu werden.

1

Raus aus der Angst

DANIEL EXLER

Ich habe euch das alles gesagt, damit ihr in mir Frieden habt.
Hier auf der Erde werdet ihr viel Schweres erleben.
Aber habt Mut, denn ich habe die Welt überwunden.
Johannes 16,33

Wir leben aktuell wirklich in einer krassen Zeit. Dieses Virus, das monatelang Nummer-eins-Thema war, brachte eine große Angst in unser Land. Aber nicht nur zu uns. Auch in unseren Nachbarländern und in der ganzen Welt verbreitete sich diese Angst.

Wir erlebten, dass Schulen und Kitas geschlossen waren. Dass Unis zu waren und alle Leute zu Hause saßen. Es gab zeitweise Ausgangsbeschränkungen und straffe Vorgaben für gemeinsame Treffen. Die Menschen fürchteten sich vor allem davor, was in der Zukunft vielleicht noch kommen würde. Sie hatten Angst, dass sie ihre Arbeitsstellen oder ihre Existenz verlieren könnten, sie hatten Angst vor einer Wirtschaftskrise, sie hatten Angst davor, selbst krank zu werden oder liebe Menschen zu verlieren. Die Politik, hier in Deutschland zumindest, versuchte, dem entgegenzusteuern. Es gab Soforthilfe-Programme und Hilfskredite. Wir haben erlebt, dass für Unternehmer tatsächlich Milliarden freigesetzt wurden.

Diese Situation, die wir gerade erleben, hätten wir uns vor gar nicht allzu langer Zeit so nicht vorstellen können. Wer hätte gedacht, dass so eine Lage, noch dazu weltweit, entstehen könnte? Wer hätte gedacht, dass es Krieg fast vor unserer Tür geben könnte?

Natürlich gab es schon immer beunruhigende Zukunftsszenarien, die vorausgesagt wurden. Auch in jüngerer Vergangenheit. Aber eigentlich lief bei uns doch alles so gut. Jeder lebte so vor sich hin. Wir gingen zur Arbeit und kamen nach Hause. Die Kinder besuchten die Schule oder den Kindergarten. Es ging uns hier in Deutschland doch gut. Im Normalfall hatte man eine Wohnung oder vielleicht sogar ein Häuschen. Und wir konnten unseren Besitz zufrieden genießen, denn dafür hatten wir schließlich gearbeitet. Einmal im Jahr in den Urlaub – ja selbstverständlich, das gehörte dazu. Natürlich traf sich die ganze Gemeinde sonntags im Gottesdienst, zwischendurch mal ein Gemeindefest und bei dem ein oder anderen auch noch ein regelmäßiger Hauskreisbesuch. Alles geregelt und geplant. Was also sollte es für einen Grund geben, dass nicht alles genauso weiterging, wie es doch schon immer war?

Und dann kam Corona.

Alles veränderte sich schlagartig. Von einem Tag auf den anderen. Alles, was wir für selbstverständlich gehalten haben; alles, was schon immer so war, wie es eben war; alles, worüber wir uns nie Gedanken gemacht haben, was unter der Oberfläche schlummerte – plötzlich liegt es da unübersehbar vor uns.

Wie soll es jetzt weitergehen? Was kommt da noch auf uns zu? Alles ist so ungewiss!

Man kann nichts mehr so planen wie früher, keine Vorsorge treffen, weil ungewiss ist, wofür eigentlich, oder sich selbst schützen. Keine Versicherung nimmt uns die Sorge vor der Zukunft. Da muss man doch Angst bekommen!

Aber – ist das wirklich die unausweichliche Konsequenz? Müssen wir uns tatsächlich der Angst ergeben? Müssen wir unser Leben dieser Furcht vor der Zukunft, dem Ungewissen, unterordnen? Ja, die Angst ist da, und sie überflutet gerade die ganze Erde. Aber wir Christen sind Königskinder und wir gehören zu denen, die tatsächlich ohne Angst leben können. Damit wir ein Leben führen können, wie Gott es für uns vorbereitet hat – nämlich ein Leben in Fülle –, dürfen wir uns nicht gefangen nehmen lassen. Deshalb fordere ich dich auf:

WIR CHRISTEN SIND KÖNIGSKINDER UND WIR GEHÖREN ZU DENEN, DIE TATSÄCHLICH OHNE ANGST LEBEN KÖNNEN.

Komm raus aus der Angst!

Was befürchte ich?

Es lebte einmal ein sehr, sehr reicher Mann. Sein Name war Hiob. Die Bibel bezeichnet ihn als rechtschaffen und aufrichtig. Er hatte große Ehrfurcht vor Gott und deshalb hütete er sich davor, Böses zu tun. Er war Vater vieler Kinder, besaß riesige Viehherden und viele Knechte und Mägde dienten ihm. Hiob war der reichste und angesehenste Herdenbesitzer im Osten.

In seiner großen Familie wurde oft gefeiert. Jedes Mal, wenn die Feiertage vorbei waren, brachte Hiob Gott für jedes seiner Kinder Brandopfer dar. Und zwar nur aus dem Grund, weil er befürchtete, dass sie sich eventuell vor Gott schuldig gemacht hatten.

Eines Tages verlor Hiob alles, was er hatte. Durch Räuberbanden und schlimme Unwetter wurde aller Reichtum vernichtet. Durch einen Unfall wurden sogar alle seine Kinder getötet. Und obwohl er so ins Unglück gestürzt wurde, vertraute er Gott weiter.

Dann wurde Hiob sehr krank. Jetzt war ein Punkt erreicht, wo der Schmerz, den er bis dahin erduldet hatte, zu einem Tiefpunkt gekommen ist: Er wollte nicht mehr leben. In dieser Situation sagte Hiob: »Denn das Schreckliche, das ich befürchtet habe, ist über mich gekommen, und wovor mir graute, das hat mich getroffen« (Hiob 3,25; SCHL).

Jeder von uns macht sich Gedanken über die Zukunft. Es gibt sicherlich nur sehr wenige Menschen, die nur im Hier und Jetzt leben. Jeder hat Wünsche, Visionen, Vorstellungen oder Befürchtungen, was die kommenden Tage, Monate oder Jahre angeht. Allerdings sollten wir uns selbst dabei sehr genau beobachten. Wir müssen nicht jeden Gedanken, der uns in den Kopf kommt, annehmen und weiterdenken. Meist erkennen wir schon im Ansatz eines Gedankens, wohin er führt. Also, schauen wir einmal genauer hin: Was erwarten wir da eigentlich? Und was befürchten wir, wenn wir auf die Zukunft schauen? Hiob gab zu, dass seine schlimmsten Befürchtungen eingetroffen waren und dass das, wovor ihm immer gegraut hatte, jetzt da war.

Im Glauben sprechen

Angst kann die Regie im Leben übernehmen. Wenn sie in uns Fuß fasst, löst sie eine Kettenreaktion von Gedanken in uns aus. Diese Gedanken münden in Befürchtungen, die die Menschen dann auch äußern. Sie sagen: »Ich werde sicher krank.« – »Ich werde alles verlieren und meinen Job bin ich dann auch los.« – Und so weiter.

Es ist also absolut wichtig, Erwartungen und Befürchtungen nicht einfach so anzunehmen und dann auch noch auszusprechen. Unsere Gedanken, also das, womit wir uns beschäftigen, haben Auswirkungen darauf, was wir sagen. Wir unterhalten uns über genau die Dinge, über die wir uns vorher Gedanken gemacht haben. Wenn unsere Gedanken nun ständig um irgendwelche Krankheiten kreisen oder darum, wie mies unsere Ehe ist, oder darum, dass unsere Kinder unmöglich sind und nie etwas aus ihnen werden wird, dann werden wir auch genau darüber sprechen.

Als Kinder Gottes sollen unsere Worte aber im Glauben gegründet sein. Gott hat uns in der Bibel so viele Verheißungen gegeben, auf die wir uns stellen dürfen. Wir allein treffen diese Entscheidung: Entweder wir leben im Glauben oder in der Angst. Beides gleichzeitig ist nicht möglich. Denn dort, wo sich der Glaube ausbreitet, hat die Angst keinen Platz mehr. Da ist das Wort Gottes ganz klar: »Denn Gott hat uns nicht einen Geist der Furchtsamkeit gegeben, sondern der Kraft und der Liebe und der Besonnenheit« (1. Timotheus 1,7). Das ist es, womit wir als Kinder Gottes erfüllt sind: mit Kraft, mit Liebe und mit Besonnenheit – nicht mit Angst.

ENTWEDER WIR LEBEN IM GLAUBEN ODER IN DER ANGST. BEIDES GLEICHZEITIG IST NICHT MÖGLICH.

Wir sind also durch unsere Beziehung zu Gott dieser ganzen Hysterie nicht ausgeliefert. Wenn die Angst bei dir anklopft, kannst du im Glauben entgegnen: »Ich bin gesegnet! Mein Gott wird all meinen Bedürfnissen begegnen. Er sorgt für alles, was ich brauche. Mein Gott bewahrt mich vor allem Übel. Ich bin sein geliebtes Kind. In allem ist er bei mir und trägt mich in seiner Güte. Ich und mein Haus werden dem Herrn dienen.«

Ich möchte dich ermutigen, dich mit dem Wort Gottes zu beschäftigen, gerade in den Bereichen, wo du merkst: Angst will sich breitmachen. Verinnerliche einige der Verse, in denen Gott uns seine Zusagen macht.

Deine Ermutigung aus dem Wort

Alle eure Sorge werft auf ihn; denn er sorgt für euch.

1. Petrus 5,7; SCHL

Und warum seid ihr um Kleidung besorgt? Betrachtet die Lilien des Feldes, wie sie wachsen; sie mühen sich nicht, auch spinnen sie nicht. Ich sage euch aber, dass selbst nicht Salomo in all seiner Herrlichkeit bekleidet war wie eine von diesen. Wenn aber Gott das Gras des Feldes, das heute steht und morgen in den Ofen geworfen wird, so kleidet, wird er das nicht viel mehr euch tun?

Matthäus 6,28-30

Doch wer auf mich hört, wird sicher wohnen, kann ruhig sein vor des Unglücks Schrecken.

Sprüche 1,33

Gesegnet ist der Mann, der auf den Herrn vertraut und dessen Vertrauen der Herr ist!

Jeremia 17,7

Gerade zurzeit sprechen viele Menschen über das, was ihnen Angst macht, und über ihre Sorgen. Dabei muss man einfach sehen, dass Angst das Problem nur vergrößert und die Kraft Gottes vergisst. Glaube jedoch verherrlicht Gott und vergisst das Problem.

Das geht so schnell, dass wir nur noch über unsere Ängste reden, wenn man mit anderen Menschen zusammenkommt, über dieses Virus, über Krieg oder Inflation. Aber lasst uns doch über

Gott reden! Lasst uns mehr Zeit damit verbringen, über Gott zu reden, als über diese Probleme.

Todd White, ein international bekannter Prediger und Evangelist, hat etwas Hervorragendes gesagt: »Angst ist die Sprache der Hölle.« Damit bringt er es auf den Punkt. Gott wollte niemals, dass wir in Angst leben. Er sagt: »Fürchte dich nicht, denn ich bin mit dir! Habe keine Angst, denn ich bin dein Gott« (Jesaja 41,10). Und das gilt auch für heute.

Wir dürfen lernen, die Sprache des Himmels zu sprechen. Diese Sprache ist Glaube in Liebe. Deshalb lasst uns doch aufhören, all dem, was uns Angst macht, in unseren Gedanken und Worten so einen zentralen Platz zu geben. Lasst uns stattdessen unseren Gott loben! Lasst uns aufhören, Gott zu erzählen, wie gefährlich z.B. eine Krankheit ist, und stattdessen dieser Krankheit erzählen, wie groß unser Gott ist!

Wir dürfen als Überwinder sprechen, denn das sind wir in Christus. Gott hat es uns zugesagt. Und auch wenn es jeden einmal in den Sumpf der Furcht ziehen kann, so dürfen wir doch die sein, die genau wissen: »Mein Gott ist größer. Egal, was um mich herum geschieht, ich weiß, mein Gott ist größer als alle anderen!«

Gott steht hinter dir

Schauen wir uns die Geschichte von David und Goliat an. Es ist eine Erzählung aus der Bibel, die sehr viele kennen, und sie ist für alle, die an Gott glauben, sehr ermutigend.

Damals sammelten sich die Heere der Philister zum Kampf gegen Israel. Sie hatten einen Kämpfer, der allein schon durch seine enorme Größe (etwa drei Meter) jedem Israelit Angst machte. Er war bekleidet mit einem Helm, einem Schuppenpanzer und Beinschienen aus glänzender Bronze. Und er trug ein Schwert und einen riesigen Speer.

Dieser Riese Goliat kam also und stellte sich vor die Schlachtreihen Israels und verhöhnte die Männer. Seine Strategie war es, Angst zu verbreiten. Er rief: »Gebt mir einen Mann und ich mache ihn platt und danach werdet ihr uns dienen. Sollte er mich töten, werden die Philister euch dienen.« Es schien offensichtlich zu sein, dass es einfach utopisch war, diesen Goliat zu töten. Er war doch eindeutig überlegen.

Es ging um einen Eins-zu-eins-Kampf, einen Kampf von Mann zu Mann. Alle Leute im Volk Israel hatten Angst. In der Bibel heißt es sogar, dass König Saul und alle, die die Worte des Philisters hörten, niedergeschlagen waren und sich *sehr* fürchteten. Und das nur, weil *ein* Mann dort stand und mit lauter Stimme sprach. Weil er so unbesiegbar riesig aussah und vor Selbstbewusstsein strotzte, ergriff die Botschaft, dass es keine Chance gegen ihn gab, das ganze Volk.

WENN ES UM ANGSTAUSLÖSER GEHT, IST ES OFT GAR NICHT SCHLECHT, WENN MAN NICHT ALLES WEISS.

Goliat kam nicht nur einmal, um seine große Rede zu schwingen. Nein, er kam vierzig Tage lang jeden Morgen und jeden Abend heraus, stellte sich vor die Israeliten und brüllte ihnen seine Herausforderung entgegen. Das letzte bisschen Mut, das vielleicht noch bei den Israeliten vorhanden gewesen war, wurde durch seine Vehemenz erstickt.

Doch dann erschien ein sehr junger Mann auf der Bildfläche. Sein Name war David. Sein Vater hatte ihn geschickt, weil er nach seinen älteren Brüdern, die im Heer des Königs dienten, schauen sollte. Er selbst war als Hirte für die Tiere seines Vaters zuständig und eigentlich hatte er dort in den Schlachtreihen gar nichts zu suchen. Das Besondere an ihm war, dass er überhaupt nicht mitbekommen hatte, was dort bisher abgegangen war. Oft ist es tatsächlich gar nicht schlecht, wenn man nicht alles weiß. Das sehen wir hier: Alle hatten Angst vor diesem Goliat! Keiner meinte, ihn bezwingen zu können. Sie waren mittlerweile tatsächlich von der Lüge überzeugt: »Wir haben absolut niemanden in unseren Reihen, der sich diesem Riesen entgegenstellen kann!«

David kam also ganz unbedarft in die Situation und wollte wissen, was dieser unbeschnittene Philister – das heißt, er war einer, der nicht zum Volk Gottes gehört und nicht unter seinem Segen und Schutz stand wie die Israeliten – getan habe, dass alle so voller Furcht waren. Interessant dabei ist, dass David diesen Kämpfer nicht bei seinem Namen nennt. Er sagte einfach nur »der unbeschnittene Philister«.

Goliat verhöhnte die Schlachtreihen des lebendigen Gottes. Er verhöhnte den König. Er verhöhnte den Gott Israels! Und David nannte ihn nicht einmal beim Namen. Denn er wusste durch und durch: »Mein Gott ist größer!«

Erst machten sich seine eigenen Leute über David lustig. Sie fanden seine Einstellung sicher etwas naiv. Aber dann wurde er zu König Saul geführt und nach langem Hin und Her überzeugte er Saul davon, dass er, David, gegen den Philister kämpfen würde und dass Gott mit ihm sei.

> »So hat dein Knecht den Löwen und den Bären erschlagen. Und diesem unbeschnittenen Philister soll es genauso ergehen wie einem von ihnen, weil er die Schlachtreihen des lebendigen Gottes verhöhnt hat!« Und David fuhr fort: »Der Herr, der mich aus den Klauen des Löwen und aus den Klauen des Bären gerettet hat, der wird mich auch aus der Hand dieses Philisters retten.« Und Saul sagte zu David: »Geh hin, der Herr sei mit dir!«
> *1. Samuel 17,36-37*

König Saul gestattete ihm also, in den Kampf zu ziehen, aber er bestand darauf, dass David eine Rüstung tragen und mit Sauls Schwert zu Goliat gehen sollte. Diese Rüstung wurde dem Jungen also angelegt. Sie passte David überhaupt nicht. Er konnte sich darin nicht bewegen, nicht einmal richtig darin gehen. Und David wusste, dass das auch nicht nötig war. Denn Gott hatte ihn bereits für diesen Kampf vorbereitet und ihn ausgebildet.

DAVIDS HAUPTWAFFE WAR DER NAME DES HERRN DER HEERSCHAREN: JAHWE ZEBAOTH, DER GOTT ISRAELS.

Als Hirte hatte er gelernt, mit einer Schleuder und Steinen als wirksame Waffe umzugehen, und er hatte seinen Stab in der Hand. Damit war David in seinem Element. Seine Hauptwaffe war außerdem der Name des Herrn der Heerscharen: Jahwe Zebaoth, der Gott Israels. David war sich völlig bewusst, dass er selbst den Philister nicht schlagen konnte. Das war der Kampf des Herrn und Gott würde die Philister in die Hände Israels geben. Also trat er Goliat mutig entgegen und sagte zu ihm:

> Du kommst zu mir mit Schwert, Lanze und Kurzschwert. Ich aber komme zu dir mit dem Namen des Herrn der Heerscharen, des Gottes der Schlachtreihen Israels, den du verhöhnt hast. Heute wird der Herr dich in meine Hand ausliefern, und ich werde dich erschlagen und dir den Kopf abhauen. Und die Leichen des Heeres der Philister werde ich heute noch den Vögeln des Himmels und den wilden Tieren der Erde geben. Und die ganze Erde soll erkennen, dass Israel einen Gott hat.
> *1. Samuel 17,45-46*

David spricht die Worte des Herrn im Glauben an ihn laut aus. Damit besiegt er den unsichtbaren Feind: die Angst. Und er steht vor Goliat, dem sichtbaren Feind, der offensichtlich überlegen ist an Kraft und Größe, und weiß genau: Nur ein Schlag von Goliat und er ist tot. Aber David weiß auch: Hinter ihm steht der König der Könige, der Herr der Herren.

Das ist die Botschaft, die wir uns immer wieder bewusst machen dürfen: Durch unseren Glauben an Jesus können wir die Angst besiegen. Auch wir dürfen wissen, dass hinter uns der König der Könige steht! Er ist ja immer noch der Herr der Herren. Er ist der lebendige Gott und er allein kämpft diesen Kampf.

Es ist nicht das Gesundheitssystem, nicht die Regierung, nicht irgendein anderer Mensch, der unsere Krisen lösen könnte. Niemand kann hier überhaupt irgendetwas lösen – außer einem: und das ist Gott.

Die Zeit, in der wir leben

Wir als Christen sind aufgerufen, keine Angst zu haben. Vielleicht sagst du: »Ich will ja da raus. Aber diese Angst ist da und sie verfolgt mich und ich kann sie nicht abschütteln. Ich habe nicht den Mut, meiner Angst entgegenzutreten. Was habe ich dem denn schon entgegenzusetzen?«

Ich möchte dir klarmachen: Du kannst wie David sein. Gott hat dich bereits durch vieles in deinem Leben vorbereitet und mit dem ausgestattet, was du brauchst, um deine Angst zu besiegen. Nimm die »Waffen«, die du schon zur Verfügung hast:

- Du hast das Wort Gottes – lies darin.
- Du hast bereits Glauben – baue ihn auf.
- Du kennst die Macht deiner Worte – sprich aus, was du glaubst!

Genau für diese Zeit wurden wir geschaffen. Für diese Zeit wurden wir auserwählt. Gott will dich gebrauchen, gerade jetzt, in dieser Zeit. Der Heilige Geist will durch dich wirken. Stellst du dich ihm zur Verfügung?

Daniel Exler

Auch wenn Menschen meinen, dass wir »komisch« reden – so war es auch bei David. Die Leute haben sich über ihn lustig gemacht und sogar die eigenen Brüder haben ihn ausgelacht. Aber er hat sich auf das gestellt, was er früher erfahren hatte, und er hat es ausgesprochen: »Mein Gott steht hinter mir.« Und Gott stand auch zu ihm. Wir wissen alle, wie die Geschichte endet: David besiegt Goliat. Damit bewirkte er die Rettung Gottes für das ganze Volk.

Genau das ist es, was auch wir tun können, immer wenn wir Angst haben. Wir können im Glauben über Rettung sprechen. Wir wissen, dass unser Gott hinter uns steht und uns niemals im Stich lassen wird. Er hat es versprochen. In 1. Thessalonicher steht, dass der Herr treu ist. Er wird uns stärken und bewahren vor dem Bösen. Darauf dürfen wir uns stellen.

Jesus erklärte den Jüngern, kurz bevor er zurück in den Himmel ging, genau, was in diesen »letzten Tagen« geschehen würde:

> »Wenn ihr aber von Kriegen und Empörungen hören werdet, so erschrecket nicht. Denn dies muss vorher geschehen. Aber das Ende ist noch nicht sogleich da.« Dann sprach er zu ihnen: »Es wird sich Nation gegen Nation erheben, Königreich gegen Königreich. Und es werden große Erdbeben sein an verschiedenen Orten und Hungersnöte und Seuchen, auch Erschrecknisse und große Zeichen vom Himmel wird es geben.«
> *Lukas 21,9-11*

Diese Worte sind als die Endzeitrede von Jesus bekannt. Erdbeben, Hungersnöte, Seuchen auf der ganzen Welt. Kriege und Unruhen, wohin man schaut. Wir leben in dieser Zeit. Niemand hat geahnt, was alles auf uns zukommen könnte. Vor kurzer Zeit noch wäre jeder für verrückt erklärt worden, wenn er behauptet hätte, dass es ein winziges Virus schafft, die ganze Welt auf den Kopf zu stellen.

Wir sollten uns aber darüber im Klaren sein, dass das Problem nicht dieses Virus ist. Das Problem ist die Angst vor dem Virus! Sie ist das eigentliche Virus, das sich in unglaublicher Geschwindigkeit auf der ganzen Erde ausgebreitet hat. Angst ist ansteckend!

ANGST IST ANSTECKEND WIE EIN VIRUS.

Nachdem sich die Angst vor dem Virus dann langsam etwas gelegt hatte, begann der Krieg in der Ukraine. Für uns hier in Europa ein Schock: Auf einmal ist Krieg nichts mehr, was auf der anderen Seite des Globus stattfindet, in Ländern, die wir nicht kennen und wo wir noch nie waren.

Nein. Plötzlich ist der Krieg ganz nah. Wir kennen Menschen, die direkt davon betroffen sind. Und wir bekommen täglich Informationen über die grausamen Bombardierungen. Wir versuchen durch Spenden zu helfen und viele nahmen sogar Menschen bei sich zu Hause auf, die in großer Zahl als Geflüchtete zu uns gekommen sind. Wer hätte noch vor Kurzem mit so etwas gerechnet? Die Preise für Lebensmittel, aber auch für alles andere, steigen. Manche Dinge sind nicht mehr so verfügbar wie gewohnt. Wie soll das alles weitergehen? Ist es da nicht klar, dass angstvolle Gedanken kommen?

Ja, sorgenvolle Gedanken und Ängste kommen. Und genau deshalb ist es wichtig, wie wir mit ihnen umgehen. Geben wir ihnen Raum oder gelingt es uns, nicht in ihnen zu verharren? Wie kann es denn gelingen, nicht von Angst überrollt zu werden wie von einer großen Welle?

Ein sehr effektiver Weg ist beten. Dann ändert sich unsere Perspektive. Beim Beten ändern wir unseren Fokus – weg von uns und dem, was uns Angst macht. Hin zu dem, auf den wir vertrauen, dass er immer Rettung hat, egal wie brenzlig eine Situation auch sein mag. Wir können beten und fasten und dem danken, der alles bereits am Kreuz vollbracht hat: Jesus Christus. Wir dürfen diese

Realität für uns in Anspruch nehmen und dann das Wunder erleben: Die Angst verliert die Macht über unser Leben.

Jesus redet weiter:

> Und es werden Zeichen sein an Sonne und Mond und Sternen und auf der Erde Angst der Nationen in Ratlosigkeit bei brausendem und wogendem Meer, während die Menschen verschmachten vor Furcht und Erwartung der Dinge, die über den Erdkreis kommen, denn die Kräfte der Himmel werden erschüttert werden. Und dann werden sie den Sohn des Menschen kommen sehen in einer Wolke mit Macht und großer Herrlichkeit. Wenn aber diese Dinge anfangen zu geschehen, so blickt auf und hebt eure Häupter empor, weil eure Erlösung naht.
> *Lukas 21,25-28*

Was ist also seine Aufforderung an uns? Jesus spricht über die Angst und Ratlosigkeit, die über die ganze Nation, über die ganze Erde kommt. Und er fordert uns auf, alles um uns herum wahrzunehmen, uns dann aber ihm zuzuwenden und auf ihn zu schauen. Wir fallen weder in Angst noch in Verdrängung oder Schönrederei – denn: Wir dürfen uns sicher sein, dass Jesus bald wiederkommt.

Drei Punkte sind hier wichtig:

1. **Blick hoch!** »Wenn diese Dinge geschehen, blickt auf«, sagt Jesus. Schau nicht auf dein Handy, auf die Nachrichten und wie schlimm alles ist. Achte nicht auf die Leute und die Probleme, die da sind. Nimm dir ein Beispiel an David. Was hat er getan, als er vor Goliat stand – und in unzähligen Momenten der Angst in seinem Leben? Er hat nur auf Gott geschaut. Er hat zu ihm *auf*geschaut.

2. **Gib der Angst keinen Raum!** Jesus sagt, dass wir in den letzten Tagen, in denen schreckliche Dinge geschehen werden, keine Angst haben müssen. Glaubst du ihm das? Lass uns auf Jesus ausgerichtet bleiben. Auf den Sohn Gottes, der am Kreuz mit einem Wort alles bereits vollbracht hat. Wir dürfen uns unseres Auftrages bewusst sein, dass wir Licht in dieser Welt sind. Wir wollen uns nicht eins machen mit den Ängsten dieser Welt. Wir wollen uns eins machen mit dem König der Könige, mit dem Herrn der Herren. Er hat den Sieg bereits vollbracht. Jesus sagt dann: »Hebt eure Häupter empor.« Richte dich auf in dem Wissen, wer hinter dir steht. Lass deinen Kopf nicht hängen und schau auf *ihn*. Du weißt, wer du bist in Jesus und wer hinter dir steht.
3. **Setze Gewissheit und Vorfreude an die Stelle der Angst!** Und das, was Jesus dann sagt, ist richtig gut und so wichtig: »… weil eure Erlösung naht.« Je mehr wir von diesen Dingen, die geschehen und noch geschehen werden, hören und je mehr wir davon erfahren, desto größer darf unsere Freude werden. Warum? Weil unser König Jesus wiederkommen wird! Wir leben hier für den einen Zweck, dass Menschen vom Reich der Finsternis ins Reich des Lichts hineingeführt werden. Das ist der Plan Gottes. Das ist unsere Berufung. Das ist unsere Bestimmung. Dafür sind wir hier auf der Welt. Wenn du die Entscheidung getroffen hast, in deinem Leben Jesus nachzufolgen, halte daran fest. Deine Erlösung naht!

Wenn du diese Entscheidung noch nie getroffen hast, dann ist heute der Tag, an dem du eine Entscheidung treffen kannst für Jesus Christus. Die allerwichtigste Entscheidung im Leben eines Menschen ist, dass er Jesus Christus sein Herz gibt. Denn ich darf dir sagen, es gibt ein Leben nach dem Tod. Wo du die Ewigkeit verbringen wirst, ist davon abhängig, welche Entscheidung du hier auf der Erde triffst. Ich möchte dich ermutigen, heute noch Ja zu sagen zu Jesus, und dann kannst auch du sagen: »Meine Erlösung naht!«

Angstfreie Zone?

Also wollen wir uns freuen! Lasst uns fröhlich sein in dieser Zeit, wo alle Leute Trübsal blasen. Denn wir haben einen konkreten Grund zur Freude. Unsere Erlösung naht. So sagt es uns das Wort Gottes, und wenn wir das wirklich erkannt haben, werden wir strahlen vor Freude!

> Da ich den Herrn suchte, antwortete er mir und errettete mich aus aller meiner Furcht. Die auf ihn sehen, werden strahlen vor Freude, und ihr Angesicht soll nicht schamrot werden.
> *Psalm 34,5-6*

Während du auf Gott schaust, nimmt er deine Ängste weg. Die Frage, die sich stellt, ist, ob es wirklich möglich ist, in solchen Zeiten in angstfreien Zonen zu leben. Wie ist es möglich, die Angst rauszuwerfen aus unserer Gemeinde, aus unseren Herzen, aus unseren Arbeitsstellen, aus unseren Familien?

Ein Weg, den die Bibel uns nennt, ist, auf Gott zu schauen. Wenn wir uns ganz auf den Herrn fokussieren, auf ihn und auf das, was er sagt, dann wird es möglich, dass seine Verheißung wahr wird. Wenn wir uns seiner Allmacht bewusst werden und einfach »wissen«, dass er alles in der Hand hat, dann können wir nicht anders, als voller Freude zu sein, und das wird sich auf unseren Gesichtern widerspiegeln.

Wenn wir auf Jesus schauen, werden wir nicht Trübsal blasen und kaputtgehen und in der Quarantäne einsam und depressiv werden und sterben wollen – nein! Auf ihn ausgerichtet, werden wir strahlen vor Freude. Denk nur daran, wie Paulus und Silas im Gefängnis waren. Sie waren ins tiefste Verließ, in die sicherste Zelle, gesteckt worden und ihre Füße waren noch extra in einen Holzblock geschlossen worden. Was für eine Situation! Und was taten diese beiden? Sie sangen Gott Lobpreislieder. Sie lobten Gott für seine Größe und dankten ihm für alles, was er für sie getan hatte. Versuche einmal, von ganzem Herzen solche Lieder zu singen und dabei ein mürrisches Gesicht zu haben. Das funktioniert einfach nicht. Die Freude wird sich in dir ausbreiten und die Menschen werden sie in deinem Gesicht sehen.

Gerade jetzt in dieser Zeit, in der alle Angst haben, in der alle Trübsal blasen und niemand eine Ahnung hat, wie es weitergeht, wollen wir Menschen sein, die vor Freude strahlen! Wenn du Menschen um dich herum hast, die Existenzängste haben, weißt du eins: Aus dir leuchten die Strahlen der Freude. Bleibe in dieser Haltung, denn darin steckt die Kraft Gottes. Diese Strahlen werden die Menschen anziehen und du kannst ihnen erzählen, warum du dich freuen kannst – auch heute.

Wir haben keinen Geist der Furcht

Es ist wichtig zu verstehen, dass Angst keine Selbstverständlichkeit in unserem Leben sein muss. Die Angst ist ein Geist! Wenn wir uns der Angst öffnen, hat das die Folge, dass dieser Geist auf uns kommt, und das wiederum hat Auswirkungen in unserem Leben.

Doch »Gott hat uns nicht gegeben einen Geist der Furcht, sondern der Kraft, der Liebe und der Besonnenheit« (2. Timotheus 1,7).

Wir müssen uns diesem Geist der Furcht nicht wehrlos ergeben und ihn als normale Folge der Umstände hinnehmen. Das ist eine Lüge. Wenn du Jesus Christus dein Leben anvertraut hast, dann hast du keinen Geist der Angst bekommen. Sondern auch du hast diesen Geist der Kraft in dir! Du hast den Geist der Liebe und der Besonnenheit in dir. Wir können frei sein von dieser Angst, die uns versucht zu lähmen, denn wir wissen: »Unser Gott ist größer!« Tatsächlich ist es aber leider so, dass die Angst nun einmal da ist. Wie ist es nun möglich, dass die Angst aus unserem Leben verschwindet?

»Furcht ist nicht in der Liebe. Sondern die vollkommene Liebe treibt die Furcht aus« (1. Johannes 4,18). Furcht meint die »Angst angesichts einer Bedrohung oder Gefahr«. Furcht ist eine der mächtigsten Emotionen und sie hat nachgewiesenermaßen vielfältige Effekte auf den Körper. So wird ein Mensch, der immer in Furcht lebt, zwangsläufig krank. Furcht hat oft etwas mit der Angst zu tun, dass man etwas falsch macht und dafür bestraft wird. Sie loszuwerden ist nur durch die vollkommene Liebe möglich. Und diese Liebe hat nur eine Quelle: Gott, unseren Vater. Entweder du lebst in Liebe, oder du lebst in der Furcht vor Bestrafung oder in Angst – diese beiden Alternativen gibt es. Das bedeutet, wenn du in der Liebe bist, verdrängt die Liebe die Angst in dir. Die Vaterliebe darf in dir den ganzen Herzensraum ausfüllen und so kannst du erleben, ein Leben ohne Furcht zu führen.

DU KANNST NICHT DURCH EIGENE METHODEN ANGSTFREI WERDEN. DAS KANN NUR DIE LIEBE GOTTES SCHAFFEN.

Es ist ein Schlüssel, die Angst nicht einfach nur selbst vertreiben oder verdrängen zu wollen. Du kannst nicht durch eigene Methoden, durch Motivationstraining oder autogenes Training angstfrei werden. Die einzige Möglichkeit, um wirklich frei von Furcht zu sein, ist, wenn die Liebe Gottes dich erfüllt. Den Platz in Gefühlen, Gedanken und Vorstellungen, in denen die Furcht regiert hat, neu vom Vater füllen zu lassen.

Wenn du morgens aufstehst, lass dich füllen mit der Liebe Gottes, indem du den Liebesbrief vom Vater liest. Nimm an, was Gott dir gegeben hat, und stelle dich auf das, was dir in Jesus Christus verheißen wurde. Gott spricht zu dir zum Beispiel durch die Bibel, sein Wort, und möchte dein Herz so mit seiner Liebe füllen. Nur die vollkommene Liebe treibt die Furcht aus und Gott will seine Liebe durch den Heiligen Geist in dein Herz gießen, »denn die Liebe Gottes ist ausgegossen in unsere Herzen durch den Heiligen Geist, der uns gegeben worden ist« (Römer 5,5).

Nun möchte ich noch einen Schritt weitergehen, um dich auf eine Ebene zu bringen, von der du vielleicht noch nie gehört hast. Schauen wir uns das Gesetz des Geistes an:

> Denn das Gesetz des Geistes des Lebens in Christus Jesus hat dich frei gemacht von dem Gesetz der Sünde und des Todes.
> *Römer 8,2*

Was steht hier? Es gibt ein Gesetz des Todes. Dieses hat mit Johannes 10,10 zu tun. Dort steht: »Denn der Dieb kommt zu stehlen, zu schlachten und zu verderben.« Der Dieb, von dem hier die Rede ist, ist Satan. Er ist der Urheber des Todes und das Gesetz des Todes ist sein Hauptmachttool. Er arbeitet mit Angst. Wenn du dich nun eins machst mit dem Gesetz der Angst, machst du dich eins mit dem Gesetz des Todes. Wenn du aber weißt, dass das Gesetz des Geistes dich davon frei gemacht hat, und du das neue Leben empfangen hast, das Jesus für uns ermöglicht, dann bist du frei!

Die ganze weltweite Angst, egal, ob vor einem kleinen Virus, Krieg oder irgendetwas anderem, basiert auf einem Gesetz, nämlich dem Gesetz des Todes. Es gibt Menschen, die fest in Jesus Christus sind. Sie wissen, dass das Gesetz des Geistes, dass das Leben in Jesus Christus ist, sie von dem Gesetz der Sünde und des Todes frei gemacht hat. Diese Menschen leben frei von all den Gesetzlichkeiten dieser Erde. Einer von ihnen war John G. Lake.

John G. Lake

Dieser Mann lebte von 1870 bis 1935 und war Heilungsevangelist und Missionar. Er schrieb mehrere Bücher und ist weltweit bekannt. Dieser Mann war ein Vertreter von Römer 8,2. Nach viel Krankheit und Leid bei Familienangehörigen und der Heilung von zwei Geschwistern und seiner Frau war John G. Lake nicht länger bereit, sich dem Wirken des Teufels zu ergeben. Es wuchs in ihm der unerschütterliche Glaube, dass Heilung jedem Kind Gottes gehört. Er wusste, dass er auf dem Fundament des Geistes steht: und das ist das Leben in Jesus Christus. Ihm war klar, dass es unmöglich ist, dass Sünde und Tod ihn treffen können, da er auf dem Gesetz des Lebens stand.

Es gab damals eine Zeit, da wütete dort in Afrika, wo John G. Lake lebte, ein tödliches Virus. Es war höchst ansteckend. Aber dieser Mann Gottes ging zu den Menschen und legte ihnen die Hände auf und Menschen wurden geheilt. Der Wissenschaft war es unerklärlich, wie das sein konnte. Auf ihre Fragen erwiderte er nur: »Ich habe Gottes Leben in mir. Jedes Virus, das mit mir in Kontakt kommt, muss sterben.« Zum Beweis forderte er sie auf, ein Experiment zu machen. Die Wissenschaftler konnten ein aktives Virus unter einem Mikroskop erkennen. Dieses Virus übertrugen sie auf seine Hand und staunten über die Maßen, als sie erkannten, dass das Virus in dem Moment, in dem es mit der Hand in Berührung kam, abstarb!

Ich möchte dich ermutigen: Lass uns auf eine neue Stufe des Glaubens kommen. Dabei geht es nicht nur darum, ohne Angst zu sein, sondern außerdem darum, voller Glauben zu sein. Wir dürfen verstehen, dass der König der Könige hinter uns steht. Wie David sagte: »Des Herrn ist der Kampf.« David wusste genau, dass Gott zu ihm steht, und Gott steht auch zu dir! Genau in deinem Leben, genau in den aktuellen Umständen, genau in diesen schwierigen Zeiten. Du kannst eine Person werden, die Hoffnung hat und die nicht aufgibt. Weißt du, die Welt sagt uns: »Wenn du jemandem näher als 1,50 m kommst, dann Achtung, das Virus kann auf dich übergehen.« Das sagt die Welt. Jesus sagt genau das Gegenteil: »Kranken werden sie die Hände auflegen und sie werden gesund werden.«

Nicht du wirst krank, wenn du dem Kranken nahe kommst, sondern Jesus sagt genau das Gegenteil: Der Gesunde kommt zum Kranken und der Kranke wird gesund.

Verstehst du, wie Angst alles verdreht? Wenn du in einem Bereich des Glaubens lebst, von dem du weißt, dass du frei gemacht worden bist von dem Gesetz der Sünde und des Todes, dann weißt du, dass der, der in dir ist, stärker ist als der, der in der Welt ist. Du machst dich nicht eins mit dieser Angst. Sondern du machst dich eins mit dem König der Könige und dem Herrn der Herren. Lass nicht zu, dass deine Worte Angst sprechen. Sprich im Glauben das, was Jesus dir gesagt hat.

Durch das Blut von Jesus steht dir ein göttlicher Schutz zu, der für dich vom Himmel vorbereitet worden ist. Es ist wichtig, sich klarzumachen: »Ich werde nicht sterben, wenn ein Virus das will. Ich werde dann sterben, wenn Gott den Zeitpunkt für gekommen hält, dass ich in die himmlische Ewigkeit eingehen darf.« Verstehst du? Du bist kein Sklave des Gesetzes der Sünde und des Todes, du bist ein Botschafter an Christi statt. Du bist ein Königskind. Und somit bist du frei gemacht von diesen Dingen. So lasst uns voller Freude auf Jesus schauen! Er ist der König der Könige.

Die wichtigste Entscheidung deines Lebens

Wenn du es noch nicht getan hast, kannst du heute die wichtigste Entscheidung deines Lebens treffen – eine Entscheidung für Jesus Christus. Weißt du, das Leben ist sehr kurz. Manche von uns haben nur ein paar Jahre, andere haben viele Jahre. Manche haben sehr viele Jahre – aber jeder hat nur eine begrenzte Zeit hier auf dieser Erde und eines Tages ist deine Zeit zu Ende.

Was kommt dann? Vielleicht hast du keine Ahnung und du suchst nach der Wahrheit. Ich möchte dir eins sagen: Es gibt nur eine Wahrheit. Und diese Wahrheit ist Jesus Christus selbst. Er sagt: »Ich bin der Weg, die Wahrheit und das Leben. Niemand kommt zum Vater als allein durch mich.« Ich möchte dich ermutigen, dass du eine Entscheidung triffst für Jesus Christus. Man kann nur durch ihn gerettet werden. Wenn du diese Entscheidung triffst, sagt das Wort:

> So sehr hat Gott die Welt geliebt, dass er seinen einzigen Sohn gab, dass jeder, der an ihn glaubt, nicht verloren geht, sondern das ewige Leben hat.
> *Johannes 3,16*

Wenn du Jesus Christus annimmst, wirst du ewiges Leben haben. Möchtest du diesen Schritt gehen? Dann nutze z.B. dieses Gebet:

Willst du Jesus dein Ja geben?

Du hast dich entschieden, Jesus Christus dein Leben anzuvertrauen. Gott freut sich, wenn du so, wie du bist, zu ihm kommst. Ich möchte dich ermutigen, folgendes Gebet laut auszusprechen.

Himmlischer Vater,
ich glaube, dass du mich liebst.
Ich glaube, dass du deinen Sohn Jesus gesandt hast,
damit er am Kreuz an meiner Stelle stirbt
und ich ewiges Leben haben kann.
Ich glaube, dass Jesus Christus wieder auferstanden ist
und in den Himmel aufgefahren ist.
Es tut mir so leid, dass ich die ganze Zeit ohne dich gelebt habe.
Ich bitte dich von Herzen um Vergebung für all die Sünden,
die ich bis heute begangen habe. (Sag Gott alles,
was dir hier einfällt.)
Ich möchte mit Jesus als meinem Retter ein neues Leben
beginnen. Ich gebe dir, Jesus, alles was ich habe.
Ich gebe dir mein Herz, mein Leben.
Nimm mich so, wie ich bin. Ich möchte so werden,
wie du mich haben willst.
Ich danke dir von ganzem Herzen für deine Liebe zu mir.
Amen.

Die Bibel sagt, wenn du diese Entscheidung getroffen hast, dann gibt's eine Party im Himmel. Die Engel freuen sich mit dir! Denn das ist die wichtigste Entscheidung des Lebens: Jesus anzunehmen.

Jetzt steht dein Name im Buch des Lebens. Wenn deine Zeit auf der Erde zu Ende ist, dann wird dieses Buch des Lebens aufgeschlagen, und jeder, dessen Name erwähnt wird, wird gerettet werden.

2

Das Alte zurücklassen

MARIA PREAN

Denn wir haben hier keine bleibende Stadt,
sondern die zukünftige suchen wir.
Hebräer 13,14

Meine Lieben! Wir Menschenkinder auf dieser Welt haben doch alle das tiefe Bedürfnis nach einem Daheim – einem Ort der Geborgenheit, des Schutzes und des inneren Friedens. Diese Vorstellung, dass Geborgenheit, Sicherheit und Erfüllung davon abhängen, ob wir uns ein eigenes Heim erschaffen, sitzt tief in uns. Darum investieren viele Menschen einen großen Teil ihrer Ressourcen – Zeit, Kraft und Geld – in ein möglichst bleibendes, gut eingerichtetes Haus.

Doch wir müssen dann früher oder später erkennen: Unsere schönen Wohnungen und Häuser führen weder zu dem erhofften Frieden noch zu der gewünschten Sicherheit, die wir so dringend brauchen. Es gibt unzählige Beziehungen, die nicht heil sind. Streit, Einsamkeit und Angst beherrschen so viele Häuser. Das schreit buchstäblich zum Himmel.

Und trotzdem geben wir uns so leicht dieser schönen Illusion hin, wir könnten uns den Ort der Geborgenheit, an dem es uns an nichts mangelt, selbst erschaffen. Viel zu schnell verdrängen wir die Tatsache, dass wir in dieser Welt von einem Tag auf den anderen auch alles wieder verlieren können. Wohnraum, Geld, Beruf, Gesundheit, Beziehungen – alles, worauf wir unser Leben aufgebaut und worauf wir uns verlassen haben. Und das ist keine Schwarzmalerei, sondern die Realität, in der sich Millionen von Menschen wiederfinden, die plötzlich mit leeren Händen dastehen.

WORAUF GRÜNDEN WIR UNSER LEBEN? WAS IST EIN GUTES, EIN BLEIBENDES FUNDAMENT?

Also: Worauf gründen wir unser Leben? Was ist ein gutes, ein bleibendes Fundament? Woraus beziehen wir unseren inneren Frieden, unseren Wert, unsere Würde, unsere Sicherheit?

Hast du dir diese Fragen schon einmal gestellt? Was ist dein Fundament? Auf welche Werte richtest du dein Leben aus?

Sammle himmlische Schätze

Dazu gibt es im Matthäusevangelium eine wunderbare Schriftstelle:

> Ihr sollt euch nicht Schätze sammeln auf Erden, wo die Motten und der Rost sie fressen und wo die Diebe nachgraben und stehlen. Sammelt euch vielmehr Schätze im Himmel, wo weder die Motten noch der Rost sie fressen und wo die Diebe nicht nachgraben und stehlen! Denn wo euer Schatz ist, da wird auch euer Herz sein.
> *Matthäus 6,19-21;* SCHL

Natürlich investieren wir Menschen alles, um uns in dieser Welt einzurichten und dem Leben möglichst viel abzugewinnen. Das ist verständlich, aber auch tragisch. Denn nichts auf dieser Erde ist von Dauer. Spätestens der Tod wird uns alles aus der Hand nehmen. Schätze, die wir aber im Himmel sammeln, sind absolut sicher. Doch was genau sind denn solche Schätze, die Jesus hier meint?

Schätze sind unsere wertvollsten Besitztümer, die einen großen materiellen und meistens auch persönlichen Wert haben. Man kann sagen, Schätze sind eine Anhäufung von kostbaren Dingen. Bei dem Begriff hat man schnell eine große alte Schatztruhe vor dem inneren Auge, die überquillt von goldenen und silbernen Gefäßen und Schmuckstücken. Und vielleicht gibt es auch noch ein paar ganz wertvolle, wunderschöne Stoffe in der Truhe.

Wenn Jesus uns hier davor warnt, Schätze auf der Erde anzusammeln – bedeutet das, wir müssen arm bleiben und dürfen nichts besitzen, was uns wertvoll ist? Nein, sicher nicht. Gott möchte uns allerdings vor einer scheinbaren Sicherheit bewahren. Die Schätze dieser Welt – jeder irdische Reichtum – sind vergänglich und etwas Unsicheres.

Das schönste Kleid kann innerhalb kurzer Zeit von einer winzigen Motte zerfressen und damit unbrauchbar werden. Die Gegenstände aus Edelmetallen können rosten. Auch ihr tatsächlicher Wert ist abhängig von Umständen auf dieser Welt, die nicht in unserer Kontrolle liegen. Und wenn ein dreister Dieb vorbeikäme, ist wirklich alles mit einem Schlag einfach weg. Unsere materiellen Güter können durch Brand oder Wasser zerstört werden. Unsere Finanzen könnten durch Betrug, durch eine eigene Fehleinschätzung bei Investitionen oder durch Entwertung im Kriegsfall einfach wertlos werden. Die Auswirkungen von Inflation erleben wir ja gerade wieder einmal sehr präsent mit.

Aber nicht nur materielle Besitztümer können als begehrenswerte Schätze betrachtet werden. Solche »unsichtbaren« Schätze können Beziehungen sein, Erfolg oder Anerkennung von Menschen. Auch der Drang, gesehen und für die eigene Leistung wertgeschätzt zu werden.

Alles, was uns in seinen Bann zieht; alles, was unsere Aufmerksamkeit absorbiert und fesselt; alles, was uns von Jesus ablenkt – all das sind Schätze, die unser Herz begehrt. Wer sich nach diesen vermeintlichen »Schätzen« ausstreckt, erliegt einer gefährlichen Selbsttäuschung. Denn sie halten nicht, was sie versprechen. Sie sind vergänglich, sie sind Nichtigkeiten und ein Haschen nach Wind (Prediger 1,14).

Besitz, Erfolg und Ansehen sind an sich nicht schlecht – sie zeigen uns sogar sichtbar, dass Gott uns segnet. Denn Gott ist immer der Geber aller guten Gaben. Aber unser Herz wird durch allerlei Schätze dieser Welt von den wahren Schätzen abgelenkt. Sie bergen eine große Versuchung in sich. Entscheidend ist, wie wir mit all dem Guten umgehen, mit dem Gott uns segnet. Darum bekommen wir in Psalm 62,11 auch den Rat: »Wenn der Reichtum wächst, richtet euer Herz nicht darauf!« Und weiter in Matthäus 16,26: »Denn was wird es einem Menschen nützen, wenn er die ganze Welt gewönne, aber sein Leben einbüßte?«

ALLES, WAS UNSERE AUFMERKSAMKEIT FESSELT, SIND SCHÄTZE, DIE UNSER HERZ BEGEHRT.

Also: Was sollen wir denn jetzt tatsächlich sammeln? Jesus fordert uns auf, uns auf himmlische Schätze zu konzentrieren. Ein Beispiel dazu gibt er uns in Matthäus 19, wo er mit einem reichen, jungen Mann spricht. Der hatte Jesus gefragt, was er Gutes tun soll, um ewiges Leben zu bekommen. Jesus antwortete ihm erst, dass er die Gebote halten soll, die Gott dem Volk Israel durch Mose gegeben hat. Der junge Mann meinte, alle Gebote bereits zu halten, und wollte wissen, ob ihm nun noch etwas fehlt. Daraufhin sagte ihm Jesus: »Wenn du vollkommen sein willst, so geh hin, verkaufe deine Habe und gib sie den Armen, und du wirst einen Schatz in den Himmeln haben« (Vers 21). Für diesen jungen Mann war das unmöglich umzusetzen. Es heißt, er »ging traurig weg, denn er besaß ein großes Vermögen«.

An Timotheus schrieb Paulus etwas Ähnliches.[1] Er sollte die Reichen auffordern, Gutes zu tun, reich zu sein an guten Werken, freigiebig zu sein und mitteilsam, indem sie sich selbst eine gute Grundlage für die Zukunft sammeln, damit sie das *wirkliche* Leben ergreifen.

Es ist also eigentlich ganz einfach und unmissverständlich. Wenn wir dem Herrn Jesus nachfolgen und unser irdischer Besitz das ist, was wir zu *seiner* Ehre verwenden möchten, dann bekommen wir andere Reichtümer, die viel besser sind. Diese Schätze sind nicht hoch genug zu halten. Ein Leben, das in Liebe und Gerechtigkeit geführt wird, das sich durch Geduld und Sanftmut auszeichnet, ist nicht nur ein Zeugnis für die Menschen um uns herum. Nein, wenn wir diese Eigenschaften zu Prioritäten machen, wird unser Leben erst lebenswert. Diese Schätze sind durch den Heiligen Geist tief in uns hineingelegt und nichts und niemand kann sie uns mehr rauben.

Wir werden damit in Gottes Augen nicht ärmer, sondern immer reicher. So vorwärtszugehen heißt, das Alte zurückzulassen.

Meine Lieben: Wo ist euer Schatz? Woran hängt ihr euer Herz?

Hinaus ins weite Meer

Vor Kurzem habe ich eine Geschichte gehört. Sie ist mir direkt ins Herz gefallen. Ich teile sie mit euch: Stellt euch vor, wenn man

Haifische in einem Schwimmbecken großzieht, werden sie nie über eine gewisse Größe hinauswachsen. Sie bleiben klein. Wenn man dann so einen Hai aus seinem Aquarium herausholt und ihn ins weite Meer bringt, wird er wachsen! Er wird in seinem natürlichen Lebensraum seiner Bestimmung in der Nahrungskette nachkommen.

Diese Wahrheit über diese einmaligen Geschöpfe Gottes hat sehr laut zu mir gesprochen. Geht es uns nicht wie dem Hai im Becken? Wenn wir immer nur in unserer Wohlfühlzone, in unserer gewohnten Umgebung, in Beziehungen und an Orten bleiben, die wir kontrollieren können – dann hält uns das von der Ewigkeit her gesehen unnatürlich klein. Es gibt einen natürlich-übernatürlichen Lebensraum, für den Gott uns geschaffen hat. Es ist ein Lebensraum voller Vertrauen auf Gott, dass er alles im Griff hat und ich mich ganz auf ihn verlassen kann.

Können wir zu unserem Papa im Himmel sagen: »Okay, wirf mich hinaus ins weite Meer!«? Dort werden wir die Gelegenheit haben, in die Fülle unserer wahren Berufung als Söhne und Töchter Gottes hineinzukommen. Dann können wir wachsen und unser volles Potenzial entfalten.

Ich bin so dankbar, dass ich Gott erlaubt habe, mich auch noch in vorgerückter Jugend nach Afrika zu schleudern. Denn die Ratschläge, die ich zu dieser Idee von den Menschen in meinem Umfeld bekam, waren alles andere als Mut machend. Trotzdem wusste ich ganz tief in mir drin – ich wusste es ohne Zweifel: Gott schleudert mich nach Afrika. Ich muss dorthin, und wenn ich zu Fuß gehen sollte! Ich hatte ja keine Ahnung, was mich dort erwarten würde, außer dass Gott mich als Segen schicken will.

Ich kann dir nicht sagen, wie dankbar ich bin, dass ich nicht auf die Stimmen gehört habe, die mich alle gewarnt haben. Was musste ich mir alles anhören: »Du willst nach Afrika? Die sind doch total zurückgeblieben. Da gibt es keine medizinische Versorgung, und das in deinem Alter! Jetzt mit 60 fangen die Krankheiten doch erst richtig an. Du hast kein Geld und auch dort hast du keine Unterstützung. Du wirst den größten Flop erleben.«

Doch ich konnte wirklich aus dem Herzen heraus sagen: »Gott wird mich so segnen, dass ihr es nicht fassen werdet. Er wird mich über alle Maßen mit seiner Liebe überschütten, wenn ich ihm gehorsam bin.« Und genau das hat er getan, und er tut es immer noch. Es war die beste Entscheidung meines Lebens, hierherzukommen. Noch nie war die Gegenwart Gottes so stark in meinem Leben wie hier. Noch nie waren die Gunst und die Gnade Gottes für mich so spürbar wie hier. Ich kann den ganzen Tag nur »Danke, danke, danke!« rufen.

NIE WAR DIE GNADE GOTTES SO SPÜRBAR WIE HIER IN UGANDA. ICH KANN DEN GANZEN TAG NUR »DANKE, DANKE, DANKE!« RUFEN.

In Galater 2,20 schreibt Paulus:

> Und nicht mehr lebe ich, sondern Christus lebt in mir; was ich aber jetzt im Fleisch lebe, lebe ich im Glauben, und zwar im Glauben an den Sohn Gottes, der mich geliebt und sich selbst für mich hingegeben hat.

Halleluja! Wenn dieses Wort auf mich zutrifft – auf mich und auf dich –, dann gibt es nichts mehr, was sich zwischen mich und Gott schieben darf. Dann gibt es nichts mehr, was mich versklaven kann. Diese innere Freiheit ist unantastbar. Niemand kann mich mehr verklagen, denn es gibt keine Verdammnis mehr für die, die in Christus Jesus sind, stimmts? Mein lieber Herr Jesus, der in mir lebt, hat jede Anklage weggenommen. Er ist mein Leben, halleluja! Das ist der Schatz, der ewig bleibt!

Um das zu erfahren, musst du dich hinauswerfen lassen ins Meer. Du bist natürlich kein Hai – also, was ist das Meer für dich? Mach dich auf und sei bereit, das Alte zu verlassen. »Nicht mehr lebe ich, sondern du, Jesus … Nicht mehr lebe ich, sondern du, Jesus … Ich gehöre dir. Wirf mich dahin, wohin du willst!«

In der ganzen Zeit wird mir die Bibel mehr und mehr lieb werden. Warum? Weil sie mir erklärt, wer mein Papa ist. Selbst dann, wenn ich nicht gleich alles verstehe. Sie sagt mir auch, wer *ich* bin. Es geht nicht um geistliche Erfolgsrezepte, die richtige, geisterfüllte Methode, auch nicht um theologisches Fachwissen. Denn nur der Heilige Geist kann mir Jesus offenbaren. Und nur er kann durch mein Ja mein Leben so verändern, dass er alles in mir ausfüllen kann.

Das Weizenkorn

Was erlebt ein Weizenkorn, wenn es in die Erde kommt? Genau, es stirbt.

> Wahrlich, wahrlich, ich sage euch: Wenn das Weizenkorn nicht in die Erde fällt und stirbt, bleibt es allein; wenn es aber stirbt, bringt es viel Frucht.
> *Johannes 12,24*

Erst wird es dunkel. Das Weizenkorn hat keine Ahnung mehr, wo oben oder unten, hinten oder vorne ist. Diese Umgebung beeinflusst es. Der Keimling, der innen drin in dem Korn bereits angelegt ist, beginnt, sich an dem Mehlkörper zu nähren. Das Korn wird so größer und größer. Dabei wird es so furchtbar eng in diesem Korn, dass es schreit: »Es zerreißt mich inmitten dieser Umstände!«

Hast du das schon einmal erlebt? Ja, Gott möchte, dass die Grenzen deiner Seele gesprengt werden und du durchbrichst in das, wozu Gott dich in die Welt gepflanzt hat. Erst wenn die Seele dem Geist Raum gibt, dann kommt ein Durchbruch.

Genauso ist es mit dem Weizenkorn. Erst ernährt es sich ganz und gar vom Mehlkörper – der ein Bild für unsere Seele sein kann. Aber das ist kein tragbares Fundament. Diese Ressourcen sind bald erschöpft. Sobald der Keimling durch das Korn durchbricht, wird klar: Im Boden sind so viel mehr Nährstoffe und Platz für tiefe Wurzeln, dass es ausreicht, um eine ganze Ähre mit 40 oder 50 Körnern hervorzubringen. Genauso ist es bei uns: Die unerschöpfliche Nahrung für unseren Geist ist das Wort Gottes. Nicht die vermeintlichen Sicherheiten, an die sich unsere Seele hängt.

GOTT FRAGT DICH: »WILLST DU EIN WEIZENKORN IN MEINER HAND SEIN?«

Gott fragt jeden von uns: »Willst du ein Weizenkorn in meiner Hand sein? Willst du für mich hinausgehen zu den Menschen, die mich noch nicht kennen? Zu denen, die noch nicht wissen, dass es ein Gnadenjahr des Herrn gibt? Einen Neuanfang zum Leben?«

> Hieran haben wir die Liebe erkannt, dass er für uns sein Leben hingegeben hat; auch wir sind schuldig, für die Brüder das Leben hinzugeben.
> *1. Johannes 3,16*

Ein Weizenkorn in der Hand unseres Gottes zu sein, das geht an die innere Substanz. Wir werden in das Ackerfeld hineingesät, um dort zu sterben! Die Ackerfelder sind unsere Beziehungen zu den Menschen. Denn das Reich Gottes besteht aus Beziehungen. Halleluja! Wenn wir uns auf Schuld und Not, auf Ablehnung und Hochmut, auf Misstrauen und Kälte einlassen, uns dem dunklen, unansehnlichen, schmerzhaften Teil der Realität der allermeisten Menschen stellen, dann werden wir immer wieder das Sterben an uns selbst erfahren. Nicht, *was* wir erleben, sondern *wie* wir darauf reagieren, macht uns entweder *bitter* oder *better*. Den Unterschied macht nur ein einziger Buchstabe, das »i«. Und »I« bedeutet auf Deutsch »ich«.

***Bitter* oder *better?* Das »I« muss sich ändern.**

Wir können sicher sein, dass Gott nur das in den Tod hineingeben wird, was sein Reich sowieso nicht erben kann und daher erneuert werden muss. Alles braucht Auferstehung, damit es im Reich Gottes zu Reichtum wird. Wollen wir Weizenkörner sein, die unser Papa im Himmel aufbrechen kann? Das geschieht nicht ohne die tägliche Bereitschaft, uns aus unserem sicheren Haus hinaus in die Weite eines Ackers säen zu lassen.

Ohne täglich zu sterben, ohne dass wir über unsere eigenen Fähigkeiten – unsere eigenen Mehlreserven – hinausreichen, kann das Reich Gottes nicht durch uns sichtbar werden. Das heißt, dass wir ein einzelnes Weizenkorn bleiben und nicht zu einem Halm wachsen, an dem eine Vielzahl an neuen Körnern hervorgekommen ist.

Leute fragen mich: »Mama Maria, wie bist du dorthin gekommen, wo du jetzt bist? Warum erlebst du so viel Segen von Gott und lebst in so einem Überfluss?« Und ich juble: »Halleluja! Nur durch tägliches Sterben.«

Gott vertrauen

Das Gewohnte loslassen, jeden Tag dem eigenen Fleisch sterben – da gibt es gleich noch eine wichtige Frage: Wer hält das Steuer in deinem Leben in der Hand? Und: Bist du bereit, in deinem Leben das Steuer abzugeben? »Das Herz des Menschen plant seinen Weg, aber der Herr lenkt seinen Schritt«, heißt es in den Sprüchen. Gott möchte, dass du ihm so vertraust, dass er mit dir wirklich tun kann, was er will.

Ich habe schon als junger Mensch geglaubt, dass Gott für jedes Kind, das auf diese Welt kommt, einen Traum hat. Bereits im Alter von etwa elf Jahren habe ich gebetet: »Lieber Gott, bitte hol mich nicht heim, bis ich den Traum, den du für mich hast, erlebe und erkenne.« Und als ich älter wurde, habe ich immer wieder gesagt: »Papa, du kannst mit mir machen, was du willst, wie du willst, wann du willst und wo du willst. Du kannst mich auch auf null reduzieren. Aber verherrliche deinen Namen. Setz mich zum Segen und schenke mir Freude, die mir die Welt nicht geben und nicht nehmen kann.«

Nun führen die meisten Wege übers Wasser, wenn wir der Berufung Gottes folgen wollen. Das ist auch kein Zufall. Denn Wasser ist ja nicht gerade das Element von uns Menschen. Ohne Hilfe und Schutz können wir darin nicht lange überleben. Nicht nur, dass wir leicht darin ertrinken. Es ist auch voller Lebewesen, die uns nicht ganz geheuer sind.

»PAPA, DU KANNST MIT MIR MACHEN, WAS DU WILLST, WIE DU WILLST, WANN DU WILLST UND WO DU WILLST.«

Auch der Herr Jesus sagt zu seinen Jüngern: »Fahrt über das Wasser an das andere Ufer.« Wir Menschenkinder brauchen Hilfsmittel, um Wasser zu überqueren, zum Beispiel ein Boot. Man kann nicht schnell hinüberrennen. Wir können zwar schwimmen, aber weit reicht die eigene Kraft da nicht. Schifffahrten sind oft mühsam. Meistens gibt es noch irgendwelche Stürme auf hoher See oder Unwetter, die uns vom Kurs abbringen wollen.

Doch wenn wir das Steuer dem Herrn übergeben, wenn wir unser Vertrauen auf den Herrn setzen und ihm glauben, dass er uns durch dieses Element, was wir alleine nie überqueren könnten, bringt, dann werden wir nicht nur ohne Zweifel das Ziel erreichen. Wir werden auch erleben, dass uns der Glaubensraum immer vertrauter wird. Über Wasser gehen, im Glauben an unseren Herrn, wird immer natürlicher für uns. Natürlich übernatürlich eben! Halleluja!

Die Raupe

In meiner Jugend war ich oft sehr einsam und fuhr dann mit meinem Auto in den Wald. Dort ließ ich mein Auto stehen, lief in die Wälder und redete laut mit Gott. Einmal setzte ich mich auf einen Baumstamm. Ich war müde, ruhte mich aus und schaute mich einfach so um. Da kam über den Stamm eine dicke, große Raupe direkt auf mich zu. Sie war sehr farbenfroh – aber trotzdem, Raupen mochte ich noch nie.

Ich sagte: »Herr, das ist so ein egoistisches Tier. Sie will immer nur alles fressen und konsumieren. Immer ist sie auf der Suche nach Neuem, nach Frischem. Sie ist nur zufrieden, wenn sie etwas hat, das sie wieder verzehren kann.«

Da hat mich der Herr gefragt: »Was steckt denn in dieser Raupe?«

Ich antwortete: »In der Schule habe ich gelernt: ein Schmetterling. Aber sehen tut man davon nichts.«

Diese Raupe hat mich danach noch eine Woche lang nicht mehr losgelassen. Ich habe mich gefühlt, als sei ich selbst wie so eine Raupe. Ich merkte, dass ich so ein Raupendasein tatsächlich aus tiefstem Herzen verachtete, regelrecht verabscheute, weil es nur auf Konsum ausgerichtet ist. Raupen sind darauf aus, dick und fett zu werden. Sie denken nur an sich.

*Manche Menschen können
nicht loslassen, was sie haben,
weil sie Angst haben,
nicht zu bekommen,
was sie brauchen.*

Maria Prean

Jeden Morgen kriecht eine Raupe wieder auf ihren Baum und frisst alles, was sie nur kriegen kann. Eines Tages kommt sie dann wie gewohnt bei den Blättern an und sie beginnt zu fressen, aber es schmeckt ihr nicht mehr! Also denkt sie, sie wäre auf dem falschen Baum, und kriecht zu einem anderen mit ganz jungen Blättern. Aber auch hier findet sie nichts, was ihr schmeckt. Noch vor Kurzem wollte sie nichts anderes als fressen, fressen und noch einmal fressen. Alles um sie herum war doch so gut und lecker! Aber plötzlich gibt es ihr gar nichts mehr. Sie findet nichts mehr, was ihr auch nur noch ein ganz klein wenig Befriedigung geben kann. Das ist der Wendepunkt!

Also gibt die Raupe auf und hängt sich an einem Faden an einen Ast und fängt an zu spinnen. Und während sie so ihre Fäden spinnt, wird es immer enger um sie herum. Also: Ich versetze mich einmal in diese Raupe hinein. Ich an ihrer Stelle würde spätestens jetzt völlig den Überblick verlieren. Und nicht mehr wissen, wo oben oder unten, hinten oder vorne ist. Ich würde nicht verstehen, warum mein glückliches und genügsames Leben voller Fressen mich plötzlich nicht mehr zufriedenstellt.

Ich würde mich vermutlich fühlen wie die einzige Raupe auf der ganzen Welt, der es so schlecht geht. Auch wenn hundert Raupen nebeneinanderhängen würden – ich würde mich allein gelassen fühlen und vielleicht sogar depressiv werden.

Aber die Raupe macht immer weiter und spinnt und spinnt. Irgendwann geht ihr dann die Kraft aus, sie hört auf zu spinnen und wird ganz ruhig in ihrem Kokon. Und dann, nach einiger Zeit in dieser Ruhe, hat sie das Bedürfnis: *Raus hier!* Sie bricht mit ihrer eigenen Energie von innen den Kokon auf, den sie mit viel Mühe um sich herum gesponnen hat. Und was jetzt herauskriecht, ist völlig neu. Es ist keine fette, egoistische, verfressene Raupe mehr – sondern ein wunderschöner Schmetterling.

Eine neue Schöpfung

Sollte man einen Kokon an einem Baum hängen sehen und meinen, ihn aufbrechen zu müssen, um der Raupe herauszuhelfen, dann tötet man dieses kleine, wunderbare Wesen. Die Verwandlung braucht die Zeit im Verborgenen. Nur so hat sie in ihrer neuen Form als Schmetterling auch die Kraft, um zu fliegen! Wenn man später den leeren Kokon anschaut, ist dort überhaupt nichts mehr von dieser verfressenen Raupe zu finden. Wirklich alles hat Gott verwendet, um aus ihr einen Schmetterling zu machen.

Alles neu! So ist es auch bei uns. Gott möchte dich und mich in eine neue Schöpfung verwandeln, und zwar in einen Jünger vom Herrn Jesus. Ein Nachfolger, der ihm immer ähnlicher wird und natürlich übernatürlich im Reich Gottes lebt.
Dafür müssen wir an den Punkt kommen, an dem wir aufgeben und nichts mehr aus eigener Kraft tun. An den Punkt, an dem wir aufhören zu kämpfen, aufhören uns ungerecht behandelt zu fühlen oder als das einzige Menschlein, dem es vermeintlich so schlecht geht. Leben im Geist heißt, dass Jesus Christus unsere Kraft wird und er unsere alte, verfressene Raupennatur mit seinem neuen Leben austauscht.

ALLES NEU! SO IST ES AUCH BEI UNS. GOTT MÖCHTE DICH UND MICH IN EINE NEUE SCHÖPFUNG VERWANDELN.

Das bedeutet es, das Alte loszulassen. Es heißt, das, was uns anfangs so wichtig erscheint, aber eigentlich doch nichts wert ist, loszulassen, damit das Neue in uns zur Entfaltung kommen kann. Meine Lieben: Wir sind ja alle mit einer Sündennatur geboren, die wir von Adam und Eva geerbt haben. Der Versuch, diese Natur zu verbessern, ist nur vergeudete Liebesmühe. Man kann sie nicht verbessern. Sie kann nur sterben! Wir brauchen einen neuen Geist, eine neue Identität. Und die bekommen wir nur von unserem Papa im Himmel, und, wenn wir Jesus in unser Leben einladen. Er sagt in seinem Wort, dass er allen, die ihn aufnehmen, das Recht gibt, Kinder Gottes zu werden. Halleluja!

Das ist ein Schritt, den jeder für sich gehen muss. Das hat nichts mit einer Kirche zu tun oder mit einer Religion. Es bedeutet, die Person Jesus Christus einzuladen, in dir, mit dir und durch dich zu leben. Dann erlebst du eine neue Dimension in deinem Leben! Dieser Schmetterling, der dann geschlüpft ist, fliegt nicht mehr in eigener Kraft, lebt nicht mehr nur, um das eigene Ego zu befriedigen. Er lässt sich von der Kraft des Windes tragen und leiten.

Schmetterlinge können tatsächlich Tausende Kilometer fliegen, ohne müde zu werden, wusstest du das? Diese Geschöpfe Gottes nutzen die Dynamik der Luft aus. Und das kannst du auch. Du darfst dich völlig der Kraft Gottes hingeben und brauchst nichts mehr aus eigener Kraft tun.

Es geht um diesen Tausch am Kreuz. Ich bringe meine Sorgen, meine Krankheit, mein ganzes altes Leben. Ich lasse das Alte hinter mir und erhalte von Jesus sein wunderbares neues Leben in der Auferstehungskraft. Das hat der China-Missionar Hudson Taylor wunderbar ausgedrückt. Hier ein Auszug aus einem Traktat:[2]

> Wie soll ein Christ Frucht bringen? Dadurch, dass er sich müht, das zu erreichen, was ihm umsonst gegeben wird? Durch Meditationen über Wachsamkeit, über Gebet, über das, was er tun und lassen soll, über Versuchungen und Gefahren? Nein! Er muss seine Gedanken und seine Liebe voll und ganz auf Christus konzentrieren, sein ganzes Wesen ihm völlig übergeben und dauernd auf ihn schauen, um in seiner Gnade zu bleiben.
>
> Christen, die in diesem Zustand einmal fest geworden sind, sind still und ruhig wie Kinder in den Armen der Mutter.

Christus mahnt sie zur rechten Zeit und am rechten Ort an ihre Aufgaben und Pflichten. Er tadelt sie wegen ihrer Fehler und berät sie in jeder Schwierigkeit. Er spornt sie zu allem an, was nötig ist. In ewigen und zeitlichen Dingen machen sich solche Christen keine Sorgen um das Morgen, denn sie wissen, dass Christus für sie heute ebenso gut erreichbar ist wie morgen. Und sie sind gewiss, dass die Zeit seiner Liebe keine Grenzen setzt. Ihre Hoffnung und ihr Vertrauen beruhen einzig darauf, was er für sie tun kann und will, nicht darauf, was sie nach ihrer Meinung selbst für ihn tun könnten und wollten. Ihr Schutz gegen jede Versuchung und Sorge ist immer neue kindliche Übergabe ihres ganzen Seins an ihn.

Das ist das ausgetauschte Leben, das bleibende, fruchtbringende Leben, das Leben, das Christus ist und das jeder Gläubige besitzen sollte.

Radikale Nachfolge

Als er aber am See von Galiläa entlangging, sah er zwei Brüder: Simon, genannt Petrus, und Andreas, seinen Bruder, die ein Netz in den See warfen, denn sie waren Fischer. Und er spricht zu ihnen: »Kommt, mir nach! Und ich werde euch zu Menschenfischern machen.« Sie aber verließen sogleich die Netze und folgten ihm nach. Und als er von dort weiterging, sah er zwei andere Brüder: Jakobus, den Sohn des Zebedäus, und Johannes, seinen Bruder, im Boot mit ihrem Vater Zebedäus, wie sie ihre Netze ausbesserten; und er rief sie. Sie aber verließen sogleich das Boot und ihren Vater und folgten ihm nach.

Matthäus 4,18-22

Das ist radikal! Das ist totale Hingabe. Diese Brüder fragten nicht, wohin, weshalb, wie lang, wieso oder: »Was steht mir bevor?« Sie folgten umgehend der Aufforderung von Jesus, ließen alles stehen und liegen und gingen mit ihm mit.

Ich unterhalte mich oft mit Menschen, die zu mir nach Afrika kommen wollen. Dann wundere ich mich immer über manche Fragen, die sie haben. Zum Beispiel, ob sie wohl später hier auch ihre Rente ausgezahlt bekommen. Europäer wollen gern alles im Griff haben. Ich sage dir: Gott will dich in den Griff bekommen!

EIN JÜNGER VON JESUS ZU SEIN, IST DIE TEUERSTE ENTSCHEIDUNG, DIE DU TREFFEN KANNST. SIE KOSTET DICH DEIN LEBEN!

Weißt du, ich bin so dankbar, dass ich vom Herrn eine besondere Gnade bekommen habe. Ich bin tatsächlich naiv genug, dem Herrn einfach nachzufolgen – ob ich es verstehe oder nicht. Ob es Sinn macht oder nicht. Ob andere es verstehen oder nicht. Ob ich dazu fähig bin oder nicht.

Ich sage einfach: »Herr, ich stehe dir zur Verfügung. Was immer du willst, kannst du tun.« Das heißt Nachfolge: Jesus permanent zur Verfügung zu stehen.

Jesus will uns alles schenken: Vergebung, Erlösung, Hoffnung, Heiligkeit, Ruhe, Frieden … Aber er will auch alles von denen, die ihm nachfolgen. Er will dein ganzes Leben! Er will Herr werden über alle Aspekte deines Daseins. Er will auf dem Thron deines Lebens sitzen und die uneingeschränkte Kontrolle über alle Entscheidungen haben.

Ich möchte dir eines sagen: Ein Jünger von Jesus zu sein, ist die teuerste Entscheidung, die du treffen kannst. Sie kostet dich dein Leben! Du legst es in *seine* Hände und er kann dann damit machen, was er will.

Ich habe mich entschieden, dem König des Universums zu folgen. Er ist mein Herr und Meister. Ich lerne von ihm, folge ihm, wo immer er mich hinführt, und diene ihm mit allem, was ich bin.

Es geht um eine ausschließliche, hundertprozentige Verbindung zwischen Gott und dir.

Mir wurde oft vorgeworfen, dass ich zu himmlisch orientiert bin, weil ich immer alles verschenkt habe. Ja, halleluja! Wenn Gott mir sagt, ich soll etwas verschenken, dann verschenke ich es! Und wenn er sagt, ich soll etwas behalten, dann behalte ich es. So einfach ist das. Tatsächlich habe ich mit meinem 70. Geburtstag angefangen, vieles zu verschenken, weil ich dachte, dass es ja bald Zeit sein könnte, zum Papa zu gehen. Und ich möchte, wenn es so weit ist, nichts mehr besitzen. Doch umso mehr ich verschenkte, desto mehr bekam ich geschenkt! Ich fragte also: »Lieber Gott, was ist los?« Darauf antwortete er mir: »Tja, du hast mich nicht gefragt. Die Zeit ist noch nicht reif!«

Vieles im Reich Gottes wird für dich vielleicht aussehen wie Verzicht. Aber Gottes Pläne sind höher als deine Pläne! Nichts von dem, was ich losgelassen habe in die Hände Gottes, wurde mir zum Mangel. Sondern Gott hatte einen besseren Plan. Er ist ein Gott der Fülle! Da möchte uns Gott hinbringen: dass wir *ihm* vertrauen, ganz gleich, was seine Anforderungen sind.

Was ist die erste Liebe in deinem Leben?

Es geht hier absolut darum, Prioritäten zu setzen.

Mein Mann und ich haben uns am Hochzeitstag versprochen, dass Jesus immer an erster Stelle stehen wird. Niemals sollte es eine Konkurrenz zwischen ihm und uns geben. Er wird immer das Sagen haben und der Erste sein. Und so war es auch. Es war die beste Entscheidung, die wir je treffen konnten. Gott will nicht, dass wir arm, dumm und krank sind. Gott will, dass wir gesegnet sind. Aber auch sein Segen ist nicht die Priorität in unserem Leben! Gott selbst steht an erster Stelle – nicht der Segen.

In meinem Leben war lange Zeit der Wunsch nach Kindern meine erste Priorität. Ich wollte immer zehn Kinder haben – mindestens! Doch Gott hat mir keines geschenkt. Wollte Gott mich also nicht segnen? Doch. Aber er wollte zuerst selbst an erster Stelle stehen. Heute nennen mich Tausende Kinder »Mama Maria«. Ich bin die glücklichste Mutter, die du dir vorstellen kannst.

Es geht um Prioritäten. Und es geht um Vertrauen. Will ich mir selbst mein Glück schaffen oder erlaube ich Gott, es mir zu schenken?

Das macht den Unterschied aus. Gott möchte dir alles schenken. Er will nicht, dass du dir alles selbst unter den Nagel reißt. Er wartet, bis du bereit bist, dich von ihm beschenken zu lassen.

Dein *ganzes* Leben ist gefragt! Triff diese Entscheidung, ganze Sache mit Jesus zu machen.

GIB DICH JESUS GANZ HIN.

Liefere dich ihm ganz aus.

Schau nicht mehr auf dich, sondern nur noch auf ihn.

Gib ihm alles und folge ihm nach.

Sei ein echter Nachfolger von Jesus und schau voller Erwartung als Teil von seiner Braut deinem Bräutigam entgegen.

Denn Jesus sagt: »Ich komme bald; halte, was du hast, dass niemand deine Krone nehme!« (Offenbarung 3,11).

Dein Gebet

Lieber Vater im Himmel,
ich danke dir, dass du mich geschaffen hast. Ich danke dir, dass ich ein Original Gottes bin. Ich danke dir, dass du mich schon im Mutterleib beim Namen gerufen hast.
Ich danke dir, dass du mich bedingungslos liebst.
Ich bekenne, Vater, dass ich versucht habe, meine Identität durch das zu suchen, was ich leiste, oder nicht leiste, und auch das, was ich kann oder nicht kann, was ich besitze oder nicht besitze und wen ich kenne oder nicht kenne.
Ich kehre heute um und tue Buße dafür,
wo ich etwas tun wollte, um etwas von dir oder von den Menschen zu bekommen. Ich bekenne, dass ich aus meiner eigenen Kraft niemals ein Schmetterling werden kann.
Ich glaube, dass mein alter Mensch mit Christus gekreuzigt und begraben wurde und ich mit Christus in ein neues Leben auferstanden bin.
Herr Jesus, ich öffne dir mein Herz und empfange dich nicht nur als meinen Erlöser und Herrn, sondern als mein ganzes Leben. Du bist meine Kraft. Du bist meine Schönheit. Du bist meine Reinheit. Du bist meine Herrlichkeit und meine Heiligkeit. Du bist meine Vollmacht und meine Autorität.
Du bist mein Friede und meine Weisheit,
meine Geduld und Hoffnung auf Herrlichkeit.
Ich vertraue dir, dass du alle meine Bedürfnisse ausfüllst aus den unerschöpflichen Quellen deiner Herrlichkeit.
In Jesu Namen, amen.

3

Vergebung

DANIEL EXLER

Denn wenn ihr den Menschen ihre Vergehungen vergebt, so wird euer himmlischer Vater auch euch vergeben.
Matthäus 6,14

Lass mich dir eine Geschichte aus dem Matthäusevangelium erzählen, in der es um Vergebung geht.[3]

Die Geschichte beginnt damit, dass Petrus, einer der Jünger, zu Jesus kommt. Er ist einer, der mit seiner Meinung nicht hinter dem Berg hält und immer laut ausspricht, was er denkt. Das wiederum erzeugt natürlich auch Widerspruch bei den Menschen um ihn herum und immer wieder wenden sich Leute dann auch gegen ihn. Petrus ist vielleicht ziemlich genervt vom Verhalten seiner Brüder. Natürlich hat er bereits oft von Jesus gehört, wie wichtig Vergebung ist, und er ist sich auch bewusst, dass er vergeben soll. Deshalb fragt er Jesus: »Herr, wie oft soll ich meinem Bruder vergeben, wenn er gegen mich sündigt?« Und bevor Jesus antworten kann, macht Petrus auch gleich einen Vorschlag: »Siebenmal?«

Siebenmal? Das klingt doch schon ganz gut. Wenn ich jemandem siebenmal die gleiche Sache vergebe, bin ich ein Held! Aber Jesus scheint das ganz anders zu sehen. Denn Jesus sagt zu Petrus: »Nicht siebenmal, sondern bis siebzigmal siebenmal!« (Matthäus 18,22).

Jesus lässt hier keinen Spielraum. Er gibt Petrus keine Möglichkeit, über Vergebung mit ihm zu handeln. Das Thema Vergebung ist für ihn eines der wichtigsten überhaupt! Gott gab das Liebste, das er hatte, um diese Vergebung schenken zu können: nämlich seinen einzigen Sohn.

> Denn so hat Gott die Welt geliebt, dass er seinen einzigen Sohn gab, damit jeder, der an ihn glaubt, nicht verloren geht, sondern ewiges Leben hat.
> *Johannes 3,16*

Nichts ist wichtiger, nichts ist wertvoller und nichts kommt an diese Liebestat Gottes heran! Und sie geschah, damit uns vergeben werden kann und wir nicht verloren gehen. Keiner von uns kann es aus eigener Kraft schaffen, gerettet zu werden. Aber durch die Vergebung Gottes sind wir frei geworden und dürfen zu ihm kommen.

Damit uns völlig klar wird, wie ernst Jesus die Vergebung nimmt, wollen wir schauen, wie die Geschichte weitergeht. Nachdem Jesus also klargestellt hat, dass siebenmal nicht genug ist, erzählt er Petrus und den anderen Jüngern ein Gleichnis. Das tat Jesus oft, um Prinzipien aus dem unsichtbaren Reich Gottes für Menschen, die es noch nicht sehen können, greifbar zu machen.

Er malte ihnen mit dem Gleichnis sozusagen ein Bild vor Augen, damit nicht irgendjemand seine Aussagen missverstehen konnte. Er erklärte ihnen Geistliches anhand einer Geschichte, so wie man Kindern komplexe Zusammenhänge erklären würde.

Das Gleichnis vom begnadigten Knecht

Jesus vergleicht das Reich der Himmel mit einem Reich, in dem ein König regiert. Dieser König wollte nun mit seinen Knechten abrechnen, was sie ihm schuldeten. Es wurde ein Knecht zu ihm gebracht, der ihm zehntausend Talente schuldete. Talente war die damalige Währung und zehntausend war eine unfassbar hohe Summe. Da der Knecht diese Summe nicht zahlen konnte, befahl der König, ihn und seine Frau, seine Kinder und alles, was er hatte, zu verkaufen und mit dem Erlös die Schulden zu begleichen. Als der Knecht das hörte, warf er sich vor dem König auf den Boden und flehte ihn an, doch etwas Geduld mit ihm zu haben. Er versprach ihm, alles zu bezahlen, wenn er ihm nur Zeit geben würde. Diese Reaktion bewegte den König sehr. Er gewährte dem Knecht nicht nur seine Bitte um Aufschub. Nein, er erließ ihm das gesamte Darlehen! Happy End … oder etwa nicht?

Dieser Knecht trat also nun als freier Mann, begnadigt und schuldenlos aus dem Palast des Königs in die warme Nachmittagssonne. Ich kann mir vorstellen, dass er sich so fühlte, als wären ihm tausend Steine vom Herz gefallen. Vielleicht atmete er einmal tief ein und aus und dachte: »Freiheit! Was für ein Tag. Was für ein Glückspilz ich doch bin!«

Und während er da so in der neuen Realität ankam, lief ihm ein anderer Knecht des Königs über den Weg. Dieser Mann schuldete ihm hundert Denare. Das ist nicht so viel. Ein Betrag, den man durchaus zurückzahlen kann, wenn man sich anstrengt. Der Knecht aber, der eben noch von der Unsumme begnadigt worden war, packte den anderen, würgte ihn und forderte auf der Stelle das geliehene Geld zurück! Und obwohl der Mitknecht vor ihm niederfiel und ihn bat, ein wenig Geduld zu haben, und ihm versprach, alles zurückzuzahlen, ließ der Knecht ihn doch tatsächlich ins Gefängnis werfen!

Unglaublich, oder? Eben wurde ihm eine Schuld vergeben, die er nie hätte zurückzahlen können. Seine ganze Familie wäre verkauft worden. Sein Leben wäre zu Ende gewesen. Und statt einfach nur dankbar zu sein, reagiert er so! Unglaublich – das fand auch der König, als er von anderen Leuten mitbekam, was dort vor sich gegangen war. Er rief seinen Knecht und konfrontierte ihn mit dem Ende seines Happy Ends: »Was bist du doch für ein boshafter Mensch! Ich habe dir alles erlassen, deine ganze Schuld, weil du mich darum gebeten hast. Hättest du nicht Erbarmen haben sollen mit deinem Mitknecht, so wie ich Erbarmen hatte mit dir?« (Matthäus 18,32-33; HFA). Der König wurde so zornig, dass er den Knecht den Folterknechten übergab. Sie sollten ihn erst dann wieder freilassen, wenn er alle seine Schulden zurückgezahlt hätte.

Als Jesus diese Geschichte über das Vergeben seinen Jüngern erzählt hatte, fügte er noch einen ganz wichtigen Satz dazu: »So wird auch mein himmlischer Vater euch tun, wenn ihr nicht ein jeder seinem Bruder von Herzen vergebt« (Matthäus 18,35).

Es gibt nur einen Weg

Wenn Jesus in einem Gleichnis etwas mit dem Himmelreich vergleicht, bedeutet das, dass diese Prinzipien, die er hier erklärt, als Gesetzmäßigkeiten im Reich Gottes Geltung haben. Es ist sehr wichtig, dass wir diese Prinzipien kennen und verstehen, denn sie waren nicht nur für die Jünger damals relevant. Sie sind auch für uns absolut entscheidend für unser Leben! Und sie haben Ewigkeitswert.

Was Jesus uns also mit diesem Gleichnis verdeutlichen möchte, ist dramatisch. Es geht bei der Schuld des Knechtes nicht um eine Kleinigkeit, sondern um eine Schuld, die er niemals hätte zurückzahlen können, unter keinen Umständen. Der König hatte also alles Recht der Welt auf seiner Seite, seinen Schuldner zu bestrafen. Er konnte mit ihm tun, was er wollte, denn der Knecht war schuldig. Und das Entsetzliche bei dem Schuldspruch war ja auch, dass es nicht nur den Knecht traf, sondern auch seine Frau und seine Kinder! Alles, was er hatte, sollte verkauft werden. Welch eine Tragödie. Aber das waren nun einmal die rechtmäßigen Folgen der Schuld. Das war Gesetz.

Man kann sich vorstellen, was für ein Schock das für den Knecht war, mit den Konsequenzen seiner Schuld so direkt konfrontiert zu sein. Darum fiel er ja vor dem König nieder und flehte ihn an. Dann machte er auch noch offensichtlich Versprechungen, die überhaupt nicht einzuhalten waren. Niemals hätte er diese Summe je in seinem Leben begleichen können, und das wusste der König natürlich. Aber so ist es tatsächlich. Menschen reden aus Angst oft völligen Unsinn.

DIE PRINZIPIEN AUS GOTTES REICH HABEN EWIGKEITSWERT!

Menschen, die ohne Jesus leben, tragen auch so einen Schuldenberg mit sich herum. Getrennt von Gott und damit ohne eine Beziehung zu ihm kann man nicht vor Gott, dem Schöpfer, bestehen. Nur in der Beziehung zu Gott kann der Mensch wirklich frei sein. In der Entfremdung aber hält die Sünde die Menschen gefangen. Sie haben keine Chance, sich selbst davon zu erlösen – also ihre Schuld irgendwie zu begleichen. Und doch, wenn du eine Entscheidung für Jesus Christus triffst, wenn du wie der Knecht vor dem König niederfällst, begnadigt Gott dich und schenkt dir ein neues Leben.

Aber da Gott gerecht ist, muss eine bestehende Schuld bezahlt werden. Und die Begleichung unserer Schuld übernimmt Jesus. Er, der völlig ohne Schuld war, bezahlte mit seinem Leben für uns, damit wir begnadigt und von jeder Last befreit weiterleben dürfen. Gott vergibt alles! Er schenkt dir ewiges Leben und will, dass du frei bist. Gott liebt dich. Das ist einfach wunderbar.

Um wieder auf den Knecht zurückzukommen: Der traf ja nun einen Mitknecht, der ihm auch Geld schuldete. Statt ihm nun großzügig ebenfalls die Schuld zu erlassen oder ihm wenigstens die von ihm erbetene Zeit zur Rückzahlung einzuräumen, lässt er ihn doch tatsächlich einfach ins Gefängnis werfen. Er hält an der Schuld des anderen fest, rigoros ohne Erbarmen.

Wenn man diese Geschichte von außen beobachtet, dann ist das Verhalten nicht nachzuvollziehen, oder? Aber lass uns einmal ganz ehrlich fragen: Wären *wir* bereit, dem anderen zu vergeben? Wie ist unsere Herzenshaltung, wenn jemand uns etwas schuldig bleibt? Wenn jemand ein Geheimnis weitererzählt, uns schlecht behandelt oder eine wichtige Beziehung zerstört?

Und da greift das geistliche Prinzip der Vergebung: Es kommt nicht auf die Höhe der Schuld an. So wie sich Gott über uns erbarmt hat, sollten wir uns auch über die Menschen erbarmen, die an uns schuldig werden. Wir wurden wie der Knecht im Gleichnis von dem sicheren Tod ins Leben zurückgeholt. Haben wir Jesus, werden wir ewig leben. Gott hat uns aus dem Reich der Finsternis versetzt in sein Reich der Liebe! Und damit gelten für uns die Regeln, die eben im Reich Gottes Geltung haben.

Kannst du dich noch erinnern, was Jesus am Ende der Geschichte sagt? Nachdem der König den bösen Knecht wieder ins Gefängnis hat werfen lassen? Jesus sagte: »Auf die gleiche Art wird mein Vater im Himmel jeden von euch behandeln, der seinem Bruder oder seiner Schwester nicht von Herzen vergibt.«

Das ist eine ganz klare Ansage! Es gibt keine Entschuldigung für Unvergebenheit. Nichts ist vergleichbar mit der Schuld, die uns vergeben wurde. Nichts ist vergleichbar mit dem Gewinn, den wir daraus ziehen, nämlich das ewige Leben und die Versöhnung mit Gott. Und dieses Leben setzen wir aufs Spiel, wenn wir nicht von Herzen vergeben. Im Reich Gottes gibt es an dieser Stelle kein Zwischending: Es gibt nur Vergebung oder Unvergebenheit.

Tiefe Wunden – wie gehen wir damit um?

Es gibt verschiedene Arten von Wunden, die uns von anderen Menschen zugefügt werden können:

Das kann geschehen durch **Kränkungen oder Konflikte**, in denen uns andere tief verletzen durch ihre Worte. Auch **falsche Erwartungen**, die wir an andere Menschen haben, können das bewirken. Wir sind dann zutiefst enttäuscht und das tut weh.

Wir können durch **Grenzüberschreitungen** verletzt werden. Menschen übertreten unsere Grenzen auf der emotionalen oder auf der körperlichen Ebene. Oder wir schaffen es gar nicht erst, Grenzen zu setzen, und sind dann den Folgen hilflos ausgeliefert. Auch das schmerzt.

Missverständnisse verursachen Verletzungen. Der Feind sucht immer Möglichkeiten, Tatsachen zu verdrehen. Deshalb ist es wichtig, es nicht zu ignorieren, wenn man sich angegriffen fühlt. Da wir durch die Liebe Gottes in uns immer vom Besten ausgehen, können wir Missverständnisse gleich aus der Welt schaffen, indem wir den anderen darauf ansprechen und die Situation klären.

Wie im Natürlichen sind auch im Geistlichen nicht behandelte oder nicht verheilte Wunden gefährlich. Eine unbehandelte Schnittwunde kann sich entzünden. Sie beginnt zu eitern und im schlimmsten Fall kann sie sogar zu einer Blutvergiftung führen, die tödlich enden kann. Geistliche Wunden, die nicht »behandelt« werden, führen zu Ablehnung, Verbitterung und oft am Ende zu Hass. Das setzt eine Spirale von gegenseitigen Verletzungen in Gang. Denn verletzte Menschen verletzen Menschen.

Was können wir also tun, damit unsere inneren Wunden heilen? Wie können wir die Verbitterung, die bereits eingetreten ist, überwinden?

Der Weg ist Vergebung. Egal, wie tief die Verletzungen waren. Denn nur dann werden wir die Last los, die Schuld, Schmerz und Verletzung uns aufladen.

Ich habe mich über zehn Jahre in die Jugendarbeit unserer Gemeinde eingebracht. Am Ende dieser Zeit kam ein Mann zu mir, mit dem ich jahrelang zusammengearbeitet hatte. Das Vertrauen untereinander war in dieser Zeit gewachsen, wir waren mittlerweile gute Freunde und er beschloss, sich mir anzuvertrauen und sein Herz mir zu offenbaren.

Er vertraute mir an, dass sein Vater ihn als Kind vergewaltigt hatte. Bis zu diesem Zeitpunkt gab es niemanden, dem er das erzählt hatte. Dieser junge Mann konnte seinem Vater über die vielen Jahre hinweg nicht vergeben – bis zu diesem Tag. Warum? Der Schmerz schien ihm zu groß, die Konsequenzen für ihn und sein Leben zu tief greifend. Die Schuld schien zu gewichtig. Wie sollte er das alles jemals einfach loslassen?

Doch an diesem Tag war sein Herz so weit. Er sagte zu mir: »Ich möchte vor dir als Zeugen meine Unvergebenheit bekennen. Ich möchte Gott dafür um Vergebung bitten, ihm meine Verbitterung bekennen und ich möchte vor dir hier meinem Vater vergeben für alles, was er mir angetan hat.«

Was ist der Maßstab unserer Vergebung? Wie vergeben wir? Die Antwort ist ganz klar: Wir vergeben so, wie auch Gott in Christus uns vergeben hat: bedingungslos. Sofort. Vollumfänglich.

Daniel Exler

Er weinte bitterlich. Das ging tief. Dann bekannte er alles, was damals geschehen war, und wir gingen gemeinsam auf die Knie. Er vergab seinem Vater unter Tränen. Er bat Gott um Vergebung, dass er bis zu diesem Tag seinem Vater nicht vergeben hatte. Eine große Last fiel von seiner Schulter! Ich konnte an seinem Äußeren sehen, wie er innerlich frei wurde. Das war sehr beeindruckend.

Wenn auch du eine schwere Last trägst, möchte ich dich ermutigen, diese Last vor Gott zu bringen – egal, wie groß sie ist. Mir ist bewusst: Wenn du verletzt, missbraucht oder zutiefst gedemütigt wurdest, dann ist das dramatisch schlimm für dich. Es geht nicht darum, den Schmerz oder die Schuld kleinzureden oder zu verharmlosen. Und doch will ich dich ermutigen, diesen Schritt zu tun: Vergib! Das ist die Tür zu einem neuen Erleben, der erste Schritt, dass die Heilung deiner Verletzungen beginnen kann. Die Last wird dir genommen. Du wirst frei werden. Nichts und niemand kann Gott aufhalten, die Fülle seines Segens über dir auszugießen. Darum tu es heute. Tu es jetzt. Vergib.

Unvergebenheit ist keine Option

Doch warum sollten wir den ersten Schritt machen, wenn uns doch der andere verletzt hat? Man könnte doch einfach abwarten. Ist nicht der zuerst am Zug, der schuldig geworden ist? Angeblich heilt doch auch die Zeit alle Wunden.

Aber genau so ist es eben nicht. Die Zeit heilt uns nicht. Die Zeit führt nur dazu, dass unser Herz immer tiefer in die Unvergebenheit und Verbitterung hineingerät. Deshalb hat Gott uns den Weg ganz klar aufgezeigt: Zuerst ist Vergebung schlicht und einfach ein Gebot Gottes. Er ist ein Gott der Vergebung und es ist sein Wille, dass wir vergeben, so wie er uns vergeben hat. Und dann ist es eine

Waffe gegen den Feind. Dadurch, dass wir vergeben, geben wir dem Feind keine Möglichkeit, uns weiter in Gebundenheit zu halten.

Es ist wichtig, anderen Menschen zu vergeben. Genauso wichtig ist es aber auch, sich selbst aus der Anklage zu entlassen. Es gibt Christen, die sich selbst nicht vergeben können. Sie meinen, dass die Sünde, die sie begangen haben, einfach zu groß ist. Doch diese Annahme, dass die eigene Sünde größer ist als die Erlösungstat von Jesus am Kreuz, ist undenkbar. Tatsächlich liegt die Wurzel davon im Stolz.

DIE SÜNDE WAR FÜR JESUS NICHT ZU GROSS, UM SIE ZU VERGEBEN – KANNST DU DIR ALSO SELBST VERGEBEN?

Wenn die Sünde für Jesus nicht zu groß war, um sie zu vergeben – ist es dann nicht nur natürlich, dass wir uns auch selbst vergeben? Ich möchte dich dazu wirklich ermutigen. Sieh nur als Beispiel Paulus. Er bezeichnete sich selbst als den größten aller Sünder. Doch er nahm die umfassende Vergebung Gottes an und ließ alles hinter sich, um mit Jesus vorwärtszumarschieren. Das dürfen wir auch tun.

Vergebung ist eines der Prinzipien im Reich Gottes. Unvergebenheit dagegen wirkt wie ein langsames Gift, das nach und nach seine zerstörerische Kraft entfaltet. Wir dürfen ihr keine Gelegenheit geben, in unserem Leben zu wirken. Wenn wir einer Person, die uns verletzt hat, nicht vergeben, fesseln wir uns selbst an sie! Statt uns von ihr zu lösen und Heilung zu erlangen, verfolgt sie uns überallhin.

Praktisch merken wir das zum Beispiel daran, dass unsere Gefühle und Gedanken nicht frei und unbeschwert sind, sondern bitter schmecken. Oder auch daran, dass die schlechten Erinnerungen nicht verschwinden wollen und wir immer wieder in Kopf und Herz durchspielen, wie wir ungerecht behandelt worden sind. Wir werden durch den Schmerz gemartert und die andere Person weiß vielleicht nicht einmal etwas davon. Es interessiert sie überhaupt nicht, sie lebt einfach ihr Leben weiter. Die Folge, wenn ich nicht vergebe, trifft also in erster Linie mich allein und ich quäle mich dadurch unnötig.

Unser Ziel sollte es immer sein, Liebe, Einheit und Versöhnung zu finden. Versöhnung ist der nächste Schritt nach der Vergebung. Dafür braucht es die Bereitschaft von beiden Seiten. Wo Versöhnung nicht möglich ist, kann trotzdem Vergebung stattfinden. Denn Vergebung ist eine Realität, die wir durch Jesus ganz klar für unseren bestimmten Fall wählen können.

Vermutlich fühlst du dich nicht danach, einer Person, die dich verletzt hat, zu vergeben. Wahrscheinlich sogar im Gegenteil. Deine Gefühle werden rebellieren. Sie werden dir erst so richtig vor Augen führen, wie sehr alles schmerzt. Aber hier müssen wir erkennen: Vergebung ist kein Gefühl, sondern eine Entscheidung. Unsere Empfindungen werden der Tat folgen und der Schmerz der Verwundung wird im Heilungsprozess verschwinden.

Drei Möglichkeiten, auf Verletzung zu reagieren

Denke einmal zurück an die Zeit, als du noch ohne Gott gelebt hast. Oder vielleicht kennst du Gott auch noch nicht? Dann schauen wir uns deinen jetzigen Stand aus biblischer Sicht an.

Ohne Jesus Christus in unserem Leben sind wir verloren. Das ist exakt, was die Bibel sagt: »Wer den Sohn hat, hat das Leben; wer den Sohn Gottes nicht hat, hat das Leben nicht« (1. Johannes 5,12).

Dann hörst du irgendwann von jemandem das Evangelium – die gute Nachricht. »Du kannst gerettet werden!« Du erkennst deine Situation, nimmst die Botschaft voller Freude an, bekennst Jesus deine Sünden, empfängst durch das Blut von Jesus Vergebung und bist ein neuer Mensch: Du bist wiedergeboren und hast ewiges Leben. Jesus ist treu und gerecht und reinigt dich von *aller* Ungerechtigkeit und versetzt dich aus dem Reich der Finsternis in das Reich Gottes. Halleluja! So kann es aussehen.

Das ist dann der wichtigste Schritt in deinem Leben. Wenn du ihn noch nicht getan hast, ermutige ich dich, ihn zu tun. Jesus ist jetzt da, er sieht dich und er hört dich. Jesus wartet nur darauf, dass du zu ihm kommst und ihm dein Leben anvertraust.

Dann lebst du so mit Jesus – deine ganze Schuld ist vergeben –, aber du hast natürlich weiterhin mit anderen Menschen zu tun. Und diese Menschen sind keineswegs immer nur freundlich. Da ist dann ein »Nächster«, der dich nervt, ärgert oder verletzt.

Wie kannst du nun reagieren? Es gibt drei Möglichkeiten:

Möglichkeit 1: »Ich vergebe dir nicht. Bis hierher und nicht weiter.«

Was löst diese Reaktion aus? Härte, die auf Härte trifft, verstärkt sich gegenseitig. Das heißt, dass Unvergebenheit in unserem Herzen die erlebte Bosheit noch steigert. Dein Herz und das deines Gegenübers werden sich noch mehr verhärten. Aber eigentlich wollen wir doch mit unserem ganzen Sein, unseren Reaktionen, unserem Leben das Evangelium verkündigen, damit die Menschen die Perspektive Königreich erleben. Wir wollen mit Liebe reagieren und nicht mit Unvergebenheit.

Also fragen wir uns: Ziehst du diese Person mit deiner harten Reaktion ins Reich Gottes? Nein. Und was ist mit dir? Was sagt Jesus in seinem Beispiel? »So wird mein Vater mit euch tun, wenn nicht ein jeder seinem Bruder von Herzen vergibt!« Also Achtung: Ein vergebendes Herz zu haben, hat eine direkte Konsequenz für deine eigene Beziehung zu Gott, dem Vater, und das Maß der Vergebung, die du empfängst. Bist du dir dessen bewusst?

Sehen wir uns dazu noch das Gebet an, das Jesus seine Jünger gelehrt hat: das Vaterunser. Er sagt: »Betet ihr nun so: Unser Vater, der du bist in den Himmeln, geheiligt werde dein Name; dein Reich komme; dein Wille geschehe, wie im Himmel, so auch auf Erden! Unser tägliches Brot gib uns heute; und vergib uns unsere Schulden, wie auch wir unseren Schuldnern vergeben haben« (Matthäus 6,9-12).

Und dann geht es weiter: »Denn wenn ihr den Menschen ihre Vergehungen vergebt, so wird euer himmlischer Vater auch euch vergeben; wenn ihr aber den Menschen nicht vergebt, so wird euer Vater eure Vergehungen auch nicht vergeben.«

Wir selbst haben es also in der Hand. Jesus weist uns ganz klar darauf hin. Gott liebt es, zu vergeben. Er ist die Vergebung selbst. Er hat alles dafür getan, damit wir volle Vergebung erhalten. Wir bestimmen aber das Maß der Vergebung, das wir empfangen. Es wird daran gemessen, inwieweit wir bereit sind, den Menschen zu vergeben. Und das proklamieren wir jedes Mal, wenn wir das Vaterunser sprechen!

Möglichkeit 2: »Vergeben heißt nicht vergessen!«

Wenn mein Herz so reagiert, dann sage ich: »Also ja, ich vergebe dir, will aber nie wieder etwas mit dir zu tun haben.« Ich sage, ich vergebe, aber breche jeglichen Kontakt mit diesem Menschen ab. Ich will denjenigen, der mich verletzt hat, nicht mehr sehen und nichts mehr von ihm hören. Dabei denke ich, dass ja das einzig Wichtige ist, dass ich ihm vergeben habe. Passt doch alles, oder?

Von der menschlichen Logik her ist so ein Verhalten durchaus nachvollziehbar. Sicher werden dich einige Menschen darin bestärken, dass das die einzig richtige Reaktion ist, wenn Menschen dir unrecht tun, dich verletzen oder dich hintergehen. Du bist allerdings mit dieser Haltung ganz weit weg von den Prinzipien des Reiches Gottes. Die Frage, die wir uns selbst aus der Königreichsperspektive stellen müssen, ist: »Möchte ich, dass Gott auch zu mir sagt, dass er mir zwar vergeben hat, aber jetzt nichts mehr mit mir zu tun haben will?«

Ich habe das einmal sehr eindrücklich in Namibia erlebt, was der Unterschied von Vergeben und Vergessen bedeuten kann. Ich war dort, um zu predigen. Es war meine letzte Predigt vor meinem Abflug zurück nach Deutschland und sie handelte von Liebe. Der Heilige Geist forderte mich dann mitten in meiner Predigt auf, den Menschen zu sagen, dass sie vergeben sollten. Das gab ich an die Gemeinde weiter und predigte dann wieder über Liebe.

Am Ende stand eine Frau auf. Sie stellte mir eine Frage: »Heißt es, dass, wenn wir vergeben, wir auch die Schuld erlassen müssen? Dass wir auch vergessen müssen?«

Ich wunderte mich und konnte gar nichts mit dieser Frage anfangen. Der Heilige Geist gab mir dann den Hinweis, ihr mit einem Gleichnis zu antworten. Ich fragte sie also: »Wie war das damals, als Jesus dir vergeben hat? Hat er dir zwar vergeben, sich aber weiterhin zurückerinnert an all die Dinge? Oder hat er dir ein für alle Mal vergeben und alles erlassen? Hat er gesagt: ›Ich will mich nicht mehr daran erinnern?‹«

Sie bekannte: »Er hat alles vergeben und alles erlassen.«

»Du fragst, ob wir es dann auch so machen müssen? Die Antwort ist: Ja. Vergeben heißt, alles zu erlassen und zu vergessen.«

Direkt danach musste ich zum Flughafen. Im Auto fragte mich der Missionar, der vor Ort in unserem Team war, ob ich eigentlich wissen würde, wer diese Frau war, die mich nach der Vergebung gefragt hat. Ich verneinte. Ich hatte keine Ahnung. Er erklärte mir, dass sie von der Regierung war und mit anderen Politikern in dieser Zeit das Thema der Wiedergutmachung zwischen Namibia und Deutschland bewegte. Ich war darüber nicht auf dem Laufenden. Er erklärte mir, dass das Deutsche Reich von 1884 bis 1915 Kolonialmacht im heutigen Namibia war. Es war eine von Gewalt geprägte Zeit, die ihren Höhepunkt in der Vernichtung der Bevölkerungsgruppen der Herero und der Nama fand. Bis zu 100 000 Menschen fanden damals den Tod durch die deutschen Truppen.

Die Diskussion, die die Regierung Namibias in dieser Zeit führte, war, dass sie Deutschland zwar vergeben, aber niemals vergessen wollten. Und diese Frau stellte nun eine solche Frage an mich! Ich war Jesus und dem Heiligen Geist so dankbar, wie sie mich geführt und geleitet hatten. Er war so gut, ihr die Frage auf diese Weise zu beantworten. Jede andere Erklärung wäre zu einem Problem geworden. Aber so ist es nun einmal: Wahre Vergebung führt kein Tagebuch über begangene Fehler.

WAHRE VERGEBUNG FÜHRT KEIN TAGEBUCH ÜBER BEGANGENE FEHLER.

In Kolosser 3,13 fordert uns Paulus auf: »Ertragt einander und vergebt euch gegenseitig, wenn einer Klage gegen den anderen hat; wie auch der Herr euch vergeben hat, so auch ihr!« Was wäre das für ein wunderbar leichtes Leben, wenn jeder von uns dieser Aufforderung einfach nachkäme. Es würde das Miteinander verändern, es würde aber auch dich und mich verändern. Die Liebe, durch die das überhaupt nur möglich ist, würde immer mehr unsere Herzen und damit uns verändern.

Auch hier werden wir wieder aufgefordert zu handeln, wie der Herr schon vorher an uns getan hat. Damit wird der Maßstab der Vergebung wieder klar: So, wie der Herr uns vergeben hat, sollen wir vergeben. Und kein bisschen weniger.

Möglichkeit 3: »Ich vergebe dir.«

Das ist die Reaktion, die Jesus in uns ermöglicht – und die dem Wesen des Königreiches entspricht. Wenn dich jemand ärgert, beleidigt oder dich mit irgendetwas verletzt, kannst du durch Jesus in dir völlig anders reagieren: Du kannst den, der dich verletzt, lieben, segnen und ihm vergeben!

Auch wenn der Mensch dich wieder und wieder herausfordert. Du liebst, segnest und vergibst. Natürlich kannst du dann zu Gott kommen und fragen: »Wie oft soll ich noch vergeben?« Und er nimmt deine Fragen auch ernst. Genau wie Jesus auf die Fragen der Jünger und der Menschen nicht mit Verachtung reagiert hat, wird auch dein Vater im Himmel auf die Fragen in deinem Herzen reagieren. Aber auch dir wird Gott keine andere Antwort geben als damals Petrus. Siebenmal siebzig – unendlich oft sollst du vergeben. Denn es ist ein Prinzip im Reich Gottes.

Wir dürfen uns also entscheiden, immer in Liebe zu reagieren. Mit Gottes Hilfe ist es uns möglich, wieder und wieder zu vergeben, die Menschen zu lieben und zu segnen. Du kannst dich dafür entscheiden, auch wenn du dich nicht danach fühlst. Jesus in dir wird dir die Liebe für die Menschen schenken.

Die Liebe Gottes ist die stärkste Macht im Universum! Diese Liebe wurde ausgegossen in dein Herz durch den Heiligen Geist. Wenn du anderen Menschen immer wieder mit Liebe begegnest, wird das Auswirkungen haben. Sie werden vielleicht nicht verstehen, warum du immer wieder anders reagierst, als man erwarten würde. Warum du in der Liebe bleibst und nicht aufstehst und gegen sie schießt. Das wird die Menschen beschäftigen und durch dein Verhalten kann Jesus dann

DIE LIEBE GOTTES IST DIE STÄRKSTE MACHT IM UNIVERSUM!

beginnen, mit dem Heiligen Geist an ihnen zu arbeiten. Das kann durch Träume passieren oder dadurch, dass plötzlich ungewohnte Gedanken in ihnen hochkommen. Durch deine Reaktion in Liebe baust du Reich Gottes und gibst anderen die Chance, Jesus zu erkennen. Was für eine wunderbare Möglichkeit!

Jesus vergibt dir alles.
Dadurch kommt Segen in dein Leben. Dieser Segen Gottes ist aber abhängig von deiner Vergebung für deinen Nächsten. Durch deine Vergebung kann Gott andere Menschen freisetzen.

Wenn du vergibst und mit Liebe reagierst, kann Gott diese Person in die Freiheit seiner Liebe führen. Das ist doch das Evangelium! Das ist es doch, was wir wollen. Dafür sind wir hier auf der Erde: als Botschafter Gottes. Es wäre ja sonst einfacher, dass Gott dich in dem Moment, wenn du dich bekehrt hast, in den Himmel entrückt. Zack, gerettet.

Aber das war von Anfang an nicht Gottes Plan. Sondern unsere Aufgabe ist es, andere Menschen auf Jesus hinzuweisen, indem wir ihm nachfolgen. Unser Leben redet lauter als tausend Worte. Menschen sehen darauf, wie wir uns als Kinder Gottes verhalten. Eine Reaktion in Liebe ist oft nicht das, was die Welt erwartet. Wenn wir diesen Lebensstil der Güte und der Vergebung in Liebe konsequent leben, öffnen sich Menschen häufig, und Gott hat die Möglichkeit, sie zu erreichen. Das ist es, was Jesus von uns erwartet: »Seid aber zueinander gütig, mitleidig, und vergebt einander, so wie auch Gott in Christus euch vergeben hat« (Epheser 4,32).

Was ist der Maßstab unserer Vergebung? Wie vergeben wir? Die Antwort ist ganz klar: Wir vergeben so, wie auch Gott in Christus uns vergeben hat: bedingungslos. Sofort. Vollumfänglich.

Vergebung und Heilung gehören zusammen

Wir sprechen hier über eine Tatsache, über die sich viele Menschen nicht im Klaren sind. Sie beten und beten, aber nichts geschieht. Daher gilt es zu prüfen, ob diese nicht erhörten Gebete vielleicht mit Vergebung zu tun haben. Jesus hat das ganz klar benannt:

> Darum sage ich euch: Alles, um was ihr auch betet und bittet, glaubt, dass ihr es empfangen habt, und es wird euch werden. Und wenn ihr steht und betet, so vergebt, wenn ihr etwas gegen jemand habt, damit auch euer Vater, der in den Himmeln ist, euch eure Übertretungen vergibt.
> *Markus 11,24-26*

Sehr oft haben wir Zeugnisse gehört, zum Beispiel nach Heilungsgottesdiensten, wo Menschen erkannt haben, dass sie vergeben müssen. Und viele, die es taten, wurden geheilt. Und auch bei Jesus ist offensichtlich in der Art, wie er mit Heilungen umging: Vergebung von Schuld und die Heilung am Körper gehören zusammen.

Zum Beispiel hier: »Und siehe, sie brachten einen Gelähmten zu ihm, der auf einem Bett lag; und als Jesus ihren Glauben sah, sprach er zu dem Gelähmten: Sei guten Mutes, Kind, deine Sünden sind vergeben« (Matthäus 9,2). Man könnte ja meinen: Wenn ein Gelähmter zu Jesus gebracht wird, ist es doch wohl offensichtlich, was er braucht. Er will wieder gehen können! Keine Frage. Doch was tut Jesus? Er teilt ihm mit, dass er sich keine Sorgen mehr machen muss, da ihm vergeben wurde. Okay – nur was hat das eine mit dem anderen zu tun?

Das fragten sich die anwesenden Pharisäer auch und sie meinten, das ist Gotteslästerung. Aber Jesus sah das ganz anders. Und damit jeder das erkennen konnte, verband er auf dramatische Art und Weise Vergebung mit Heilung. Nachdem er Vergebung geschenkt hatte, sprach er den Gelähmten wieder an und sagte: »Steh auf, nimm dein Bett auf, und geh in dein Haus!« (Matthäus 9,6).

Wenn du um Heilung bittest und nichts geschieht, frage Gott, ob es vielleicht noch einen Punkt in deinem Leben gibt, an dem du nicht vergeben hast. Da Gott dich heilen will, wird er dir zeigen, ob du noch irgendwo Unvergebenheit in deinem Leben hast.

VERGIB ANDEREN, AUCH WENN …

- … der andere seine Schuld nicht sieht.
- … der andere anderer Meinung ist.
- … der andere sich nicht entschuldigt.
- … die Situation schon viele Jahre zurückliegt. Der Heilige Geist wird dich erinnern.
- … du nichts mehr mit dieser Person zu tun hast.

Und bitte vergiss nicht, auch dir selbst zu vergeben!

Wenn du dann allen alles vergeben hast, was der Heilige Geist dir zeigt, tue Buße über die Tatsache, dass du vorher nicht vergeben hast. Das hilft dir, Verbitterung zu überwinden. Tue Buße darüber, dass du an den Schmerzen festgehalten hast, statt dem anderen direkt freizügig vergeben zu haben. Das sind die ersten Schritte auf dem Weg zur Heilung.

Die alte Natur will an Rachegedanken und Vergeltung festhalten. Du aber machst Vergebung zu deinem Lebensstil. Und das führt zu wahrer Freiheit und innerem Frieden.

Zeugnis von Janice McBride[4]

Janice McBride wuchs in Schottland während des Zweiten Weltkriegs auf. Täglich sah sie Tod und Terror. Sie war ein

uneheliches Kind. Sobald der Vater wusste, dass die Mutter schwanger war, verließ er sie. Die Mutter wollte das Kind auch nicht bekommen und unternahm drei Abtreibungsversuche. Es ist ein medizinisches Wunder, dass Janice trotzdem geboren wurde. Sie kämpfte darum, zu leben. Schon vor der Geburt.
Sechzehn Jahre lang sagte ihr die Mutter immerzu: »Du bist ein Fehler. Du solltest nie geboren werden. Ich liebe dich nicht. Ich wünschte, du wärst bei der Abtreibung gestorben.«
Wie man sich vorstellen kann, erlebte Janice einen sehr großen Schmerz durch diese konstante Ablehnung. Sie wurde oft geschlagen und kam dann in die Notaufnahme im Krankenhaus. Die Narben konnte man ein Leben lang sehen.
Insgesamt fünf Männer nahmen in dieser Zeit die »Vaterrolle« für sie ein, denn der eigene Vater war ja nicht da. Jeder dieser Männer missbrauchte das Mädchen ständig mit der Zustimmung der Mutter. Missbrauch in verbaler, körperlicher und sexueller Form bestimmte ihr Leben. Die Familie war außerdem tief in Satanismus verwickelt.
In der Schule wurde Janice gemobbt. Und doch war die Schule der einzige sichere Ort, weil sie dort nicht körperlich missbraucht wurde. Hass, Ärger und Bitterkeit wuchsen über die Jahre im Herzen des Mädchens und schlugen tiefe Wurzeln.
Eines Tages lernte Janice ihren späteren Mann kennen. Sie wollte mit ihm einen Neuanfang machen und alles hinter sich lassen. Dann bemerkte sie aber, dass sie den ganzen Ärger und all die Bitterkeit mitnahm, egal wohin sie ging. Das belastete auch ihre Ehe sehr stark.
Durch eine Fernsehsendung lernten die beiden Jesus Christus kennen. Sie verstanden, dass sie Errettung brauchten, und vertrauten ihr Leben Gott an. Sie schlossen sich einer Gemeinde an und wuchsen langsam im Glauben. Janice hatte aber

immer noch viele Probleme. Sie konnte einfach nicht wirklich frei werden. Alle Fehler, die sie machte, und alle Sünden, die sie beging, begründete sie vor sich selbst immer nur mit der eigenen schlimmen Kindheit. Und ihr schlechtes Verhalten entschuldigte sie mit den Verletzungen, die sie als Kind erlitten hatte. Sie hatte einen tiefen Hass auf Mutter und Vater und auf ihre Stiefväter und Unvergebenheit im Herzen.

Nach einiger Zeit erkannte Janice, dass Gott sie aufforderte zu vergeben. Anfangs war das undenkbar. Doch nach und nach ließ sie den Gedanken zu. Die Liebe Gottes half ihr auf dem Weg. Und dann war es so weit. Janice entschied sich: »Ich werde meiner Mutter vergeben für alles!«

Janice lebte in der Zwischenzeit mit ihrem Mann und den Kindern in Amerika. Vierundzwanzig Jahre lang hatte Janice keinen Kontakt mehr mit ihrer Mutter gehabt. Da sprach der Heilige Geist zu ihr, dass sie den Weg der Versöhnung gehen und ihre Mutter besuchen sollte. Janice schrieb also einen Brief an die Mutter und teilte ihr mit, dass sie zu Besuch kommen werde, gemeinsam mit ihrem Mann. Sie bekam keine Antwort auf diesen Brief. Sie wusste also nicht, ob ihre Mutter überhaupt noch dort wohnte. Trotzdem flog sie mit ihrem Mann, wie angekündigt, nach Schottland, wo sie die Mutter zuletzt vermutete.

Sie war entschlossen diesen Weg zu gehen. Jesus hatte sie neu gemacht und sie wollte Versöhnung mit ihrer Mutter erleben. Sie hatte alles genau geplant. Ihr Pastor hatte ihr gesagt, was sie tun sollte, und das war in ihrem Herzen.

Tatsächlich wohnte die Mutter dort, wo Janice es angenommen hatte. Als die beiden Frauen sich dann gegenüberstanden, waren die ersten Worte zur Begrüßung, die Janice ihrer Mutter nach all dieser Zeit sagte, wie geplant: »Wie Christus mir vergeben hat, so vergebe ich dir.«

Die Mutter zeigte keine Reaktion. Der Heilige Geist stoppte Janice und bat sie, nicht über die Vergangenheit zu sprechen. Mit keinem Wort. Drei Wochen blieb das Paar dann bei der Mutter. Janice war gehorsam. Aber nach fast drei Wochen war sie auch enttäuscht. Sie hatten extra den langen Weg auf sich genommen und alles gemacht, was Gott ihnen gesagt hatte. In ihren Augen waren das verlorene Wochen. Nicht ein einziges Mal konnten sie über Jesus reden; nicht einmal über Vergebung. Wozu das Ganze?

Drei Tage vor dem Abflug geschah dann das Wunder. Die Mutter kam zu ihrer Tochter und teilte ihr mit, sie wolle Jesus ihr Leben geben. Was war geschehen? Die Mutter hatte die ganze Zeit während des Besuches Worte des Hasses und der Anklage erwartet. Die Tochter aber erwähnte die ganze Zeit nichts davon – mit keinem Wort. Stattdessen war sie gütig und respektvoll mit ihrer Mutter umgegangen. Sie sagte der Mutter, dass sie sie liebe, berührte ihre Mutter oft und umarmte sie. Die Mutter war geschockt von dieser Liebe. Sie bekannte: »Wenn du mir vergeben kannst – und das habe ich jetzt erlebt –, dann weiß ich, dass auch Christus mir vergeben kann.« Die beiden versöhnten sich.

Ich möchte dich ermutigen, zum Vater zu kommen und das Thema Vergebung mit ihm zu »bearbeiten«. Der Heilige Geist wird dir zeigen, wo in deinem Leben noch etwas zu bereinigen ist. Er wird dich leiten, den Menschen, die dich verletzt haben, zu vergeben, und er wird dir helfen, dir selbst zu vergeben, um ein Leben in Fülle, so wie er es für dich vorbereitet hat, führen zu können.

Dein Gebet

Vater,
in deinem Wort steht, dass du dich als treu
und gerecht erweist, wenn wir unsere Sünden bekennen.
Du wirst all unsere Sünden vergeben
und uns reinigen von aller Ungerechtigkeit.[5]
Darum bitte ich dich jetzt im Namen von Jesus Christus
um Vergebung für alle meine Sünden und meine Schuld.
So wie du mir vergibst, Herr, so vergebe ich auch all denen, die an
mir schuldig geworden sind. Ich vergebe ihnen alles.
Ich vergebe, was sie mir Unrechtes angetan haben,
und ich vergebe ihnen auch, was sie unterlassen haben.
Ich bekenne vor dir, dass ich Unvergebenheit im Herzen hatte und
dass Bitterkeit Wurzeln schlagen konnte.
Bitte vergib mir in Jesu Namen,
dass ich es so weit habe kommen lassen.
Ich danke dir von ganzem Herzen, dass du mir vergibst
und mich von aller Ungerechtigkeit reinigst.
So wie du mir nun vergeben hast, Vater,
will ich mir auch selbst vergeben und lasse los.
Ich will die Person sein, zu der Jesus mich gemacht hat.
Ich löse mich endgültig von meiner Vergangenheit
und verschwende keinen Gedanken mehr daran,
was einmal war.
Danke für deine große Liebe.
In Jesu Namen, amen.

4

Den Willen des Vaters tun

MARIA PREAN

Was wir jetzt sind, ist allein Gottes Werk.
Er hat uns durch Jesus Christus neu geschaffen,
um Gutes zu tun. Damit erfüllen wir nun,
was Gott schon im Voraus für uns vorbereitet hat.
Epheser 2,10; HFA

Es fängt mit Dank an

Als ich mir Gedanken gemacht habe, was es genau bedeutet, den Willen des Vaters zu tun, ist mir klar geworden, dass der Wille des Vaters ganz unterschiedliche Facetten hat. Aber dass ich dankbar bin, spielt dabei eine wichtige Rolle! Mach dir nicht so viele eigene Gedanken, sondern geh vorwärts und halte immer einen Moment inne, um dem Papa im Himmel zu danken: *Geh – dank! Geh – dank!*… Das ist der Türöffner, um den Willen des Vaters zu tun!

Deine Ermutigung aus dem Wort

Wir sollen Dank opfern.

Wer Dank opfert, verherrlicht mich und bahnt einen Weg; ihn werde ich das Heil Gottes sehen lassen.

Psalm 50,23

Danken heißt sich erinnern, wer Gott ist.

Preise den Herrn, meine Seele, und all mein Inneres seinen heiligen Namen! Preise den Herrn, meine Seele, und vergiss nicht alle seine Wohltaten!

Psalm 103,1-2

Dankbarkeit ist eine fundamentale Lebenseinstellung, die Segen bringt.

Sagt allezeit für alles dem Gott und Vater Dank im Namen unseres Herrn Jesus Christus!

Epheser 5,20

Dank ist eine Zuwendung zum Geber hin. Mit anderen Worten: Beim Danken wird sichtbar, ob ich als Beschenkter nur die Gabe sehe oder auch den Geber. Durch Dank drücke ich aus, dass meine Not oder mein Bedürfnis gestillt wurden. Ich gebe zu, dass ich beschenkt wurde, und erkenne an, dass ich eine Wohltat erfahren habe.

Der Herr sagt uns in seinem Wort, dass wir jederzeit im Namen unseres Herrn Jesus Christus für alles danken sollen. Das ist der Wille des Vaters. Doch wie geht das?

Ich bin ganz ehrlich zu euch: Gewisse Sachen in meinem Leben mag ich nicht. Das ist so. Aber ich habe gelernt, zu sagen: »Herr Jesus, verstehen tu ich die Situation überhaupt nicht. Mögen tu ich sie auch nicht. Gebetet dafür hab ich auch nicht. Aber ich danke dir jetzt im Glauben und im Vertrauen, dass du diese Situation zu etwas Gutem zusammenwirken lässt. Deshalb danke ich dir. Du kennst schon einen Ausweg. Ich habe den Überblick nicht. Aber ich danke dir und ich preise dich.«

ICH BIN GOTT FÜR *ALLES* IN MEINEM LEBEN ZUTIEFST DANKBAR!

Bis jetzt gab es noch keine Situation in meinem Leben – wirklich keine einzige, ganz gleich wie schmerzhaft sie ursprünglich war, wie enttäuschend, wie erschütternd –, die sich nicht rückblickend (manchmal erst sehr spät!) als das Beste für mich herausgestellt hat. Gott hat seinen Namen jedes Mal verherrlicht. Er hat mir die Situation zum Segen geschenkt. Und ich bin Gott für *alles* in meinem Leben zutiefst dankbar – ganz gleich, wie es sich in dem Moment angefühlt hat, als ich durchgehen musste.

Ich bete, dass du das auch erleben darfst. Mach dir nicht zu viele Gedanken – geh los und danke deinem Gott. Alles beginnt mit Dank.

Geh – dank! Geh – dank! Geh – dank …

Alles dient mir zum Besten

In diesen vielen Jahren, in denen ich mit meinem Gott unterwegs bin, bin ich zu einer sehr kostbaren Erkenntnis gekommen: Gott liebt mich und alles, was in meinem Leben geschieht, wird zuerst von ihm geprüft. Wenn er erkennt, dass mir etwas zum Besten dient, dann lässt er es zu.

Wenn etwas geschieht, das wir als schwierig oder herausfordernd empfinden, brauchen wir unseren Gefühlen von Angst und

Wut nicht nachzugeben. Wir können stattdessen Gott danken, dass wir uns in allen Situationen an ihn wenden können. Dass er uns in allen Situationen hilft und dass er eben nichts ungeprüft zulässt. Trauer hat ihren Platz, Trauer darf sein, und in der Trauer dürfen wir uns an den größten Tröster wenden und können ihm danken, dass er bei uns ist.

Ich hätte Gott nie als meinen Arzt und Heiler kennengelernt, wenn ich nicht sehr krank gewesen wäre.

Ich hätte Gott nie als meinen besten Freund kennengelernt, wenn ich nicht im Stich und allein gelassen worden wäre.

Ich hätte Gott nie als meinen Versorger kennengelernt, wenn ich nicht arm und in größter Not gewesen wäre – seelisch, geistig, finanziell und materiell.

Ich hätte Gott nie als meinen Geliebten und meinen Bräutigam kennengelernt, wenn ich nicht diese große Einsamkeit erlebt und den Hunger nach Gemeinschaft mit Gott gehabt hätte.

Ich hätte Gott nie als meinen Erlöser kennengelernt, wenn ich nicht erkannt hätte, dass ich ohne ihn verloren bin.

Ich hätte Gott nie als meine Auferstehungskraft kennengelernt, wenn ich nicht mit ihm bewusst den Tod am Kreuz angenommen hätte. Ich weiß, dass ich nicht mehr die Alte bin. Die Maria, die ohne Gott gelebt hat, ist gekreuzigt mit Jesus Christus und aus ihm lebt jetzt die neue, auferstandene Maria im Geist. Und er lebt in mir!

Was hast du *heute* mit mir vor?

Als ich nach Uganda kam, erkannte ich schon in den ersten Tagen, dass die Not unsagbar groß ist. Das war vor 25 Jahren, inzwischen hat sich vieles zum Besseren gewandelt. Damals habe ich gemerkt: Das ist ein Fass ohne Boden! Also sagte ich zu meinem Herrn:

»Herr, bitte lass mich wieder zurückfliegen. Hier weiß ich nicht, wo ich anfangen und wo ich aufhören soll!« Aber Gott antwortete mir klar: »Maria, du bist nicht der Erlöser von Uganda!«

Das hat mich wieder auf den Boden der Tatsachen zurückgebracht. Ich hatte mir etwas angemaßt und eingebildet, das überhaupt nicht dem Willen Gottes entsprach. Er will nicht, dass wir seinen Platz einnehmen.

Auf meine Frage hin, was ich denn dann tun sollte, antwortete mir der Herr: »Tu nur jeden Tag das, was ich dir zeige.«

Das habe ich jetzt 25 Jahre lang getan. Das Erste, was ich morgens in der Früh sage, ist: »Vater, was ist heute das Abenteuer deiner Liebe zwischen uns beiden? Lass mich erkennen, was du vorbereitet hast, damit ich darin gehen kann.«

Und ich kann dir sagen, dass ich viele Abende ins Bett gehe und das Gefühl habe, dass gerade nicht nur ein Tag, sondern mindestens eine Woche vergangen ist, so viel hat Gott vorbereitet! Das klingt vielleicht anstrengend, aber tatsächlich ist seitdem aller Stress aus meinem Leben verschwunden. Denn ich muss nur die Augen und die Ohren des Herzens offen halten und auf den Herrn schauen und hören, was er an diesem Tag für mich bereithält. Das Einzige, was ich tun muss, ist vertrauen, dass er mir alles gibt, was ich brauche, um seinen Namen zu verherrlichen. Ich darf ein Segen sein und auch noch selbst dabei überglücklich sein! Das Leben wird dadurch so einfach!

»MARIA, DU BIST NICHT DER ERLÖSER VON UGANDA!«

Der Herr sagt: »Wenn ihr nicht werdet wie die Kinder, so werdet ihr nicht in das Reich der Himmel hineinkommen (Matthäus 18,3). Gott sei Dank habe ich Eltern gehabt, die zwar nicht reich, aber voller Hingabe gegenüber ihren Kindern waren. Sie gaben uns Kindern zwar nicht alles, was wir wollten, aber alles, was wir brauchten. Bei so guten, liebenden Eltern wird sich ein Kind keine

Sorgen machen, sondern darauf vertrauen, dass alles schon vorbereitet ist.

Leider gibt es auch Eltern, die nicht gut für ihre Kinder sorgen. Dann fällt es den Menschen normalerweise ihr Leben lang schwer, anderen Menschen oder auch Gott zu vertrauen.

Aber dein Vater im Himmel hat den Überblick. Entscheide dich, ihm zu vertrauen! Er möchte das Versäumnis deiner Eltern ausfüllen und dich von den Folgen des »Nicht-versorgt-Werdens« heilen. Er füllt jeden Mangel aus. Glaubst du das?

Gott gibt im Übermaß. Er möchte lediglich, dass wir ganz nah bei ihm bleiben und uns ihm anvertrauen. Ich habe schon mehrmals erlebt, wie Jesus bei mir am Bett stand und sagte: »Maria, darf ich um den Tanz für den Tag bitten? Darf ich dich führen und die Musik wählen? Wirst du in meinen Armen bleiben?«

Im Englischen heißt Führung *guidance*. Der letzte Teil dieses Wortes ist *dance*, tanzen. Übrig bleiben von dem Wort dann ein g, ein u und ein i. Die stehen für: *God, you and I.* Also:

Gott, du und ich, wir tanzen durch den Tag!

Bei diesem Tanz lasse ich mich von Gott führen. Das gefällt dem Vater. Ich tue den Willen des Vaters, schaue auf ihn, glaube ihm, vertraue und gehorche ihm. Während ich tanze und Spaß habe! Wenn wir erkennen, dass wir nichts aus uns selbst heraus tun müssen, ist das alles ganz leicht. Ich freue mich jeden Tag darauf, mit Jesus zu tanzen und den Willen des Vaters zu erleben und zu leben. Und du?

Was ist echte Nachfolge?

Wenn wir Gott in allem danken und darauf vertrauen, dass er immer unser Bestes will, dann fällt es uns leicht, seinen Willen zu tun. Dann sind wir schon mittendrin! Doch dafür müssen wir Jesus immer besser kennenlernen und von ihm lernen. Wir müssen echte Jünger, echte Nachfolger von Jesus, werden.

Was bedeutet das? Was sagt die Bibel über die Nachfolger von Jesus?

Ein Nachfolger von Christus ist ein Christ, so dachte ich früher. Doch ich wollte es genau wissen und begann, das Neue Testament zu lesen. Wisst ihr, was ich da herausgefunden habe? In allen vier Evangelien steht das Wort »Christ« nicht ein einziges Mal! Wir lesen nur über die »Nachfolger von Jesus« und über die Leute, die seine »Jünger« genannt werden.

Ein Jünger ist ein Schüler, der einem Meister folgt. Dazu fällt mir ein wunderbares Beispiel ein: In früheren Zeiten gab es viele Meister, herausragende Künstler wie Michelangelo oder Leonardo da Vinci. Auch sie hatten Jünger, junge Menschen, die werden wollten wie der große Meister! Dafür ließen diese Jünger alles zurück. Sie gingen von daheim fort, verließen ihre Eltern und ihre Traditionen. Sie beobachteten ganz genau, was der Meister tat und wie er es tat. Und sie ahmten ihn nach. Ihr Ziel war es, Werke zu schaffen, die von denen des Meisters nicht zu unterscheiden waren. Das erforderte Zeit, Disziplin und Selbstaufgabe!

So wie diese Schüler sich ihren Meister aussuchten, wirst du ein Jünger von Jesus, indem du ihn durch die Bekehrung als Retter und Herrn annimmst. Von diesem Moment an bist du sein Nachfolger und Jesus wird dein Lehrer. Er selbst fordert uns dazu auf, von ihm zu lernen:

> Nehmt auf euch mein Joch, und lernt von mir! Denn ich bin sanftmütig und von Herzen demütig, und ihr werdet Ruhe finden für eure Seelen.
> *Matthäus 11,29*

Wir lernen von ihm, wie wir Ruhe für unsere Seele bekommen. Und was erwartet Jesus noch von seinen Jüngern? Es geht nicht darum, einer Konfession zu folgen, einem Pfarrer oder menschlichen Gesetzen, sondern:

> So kann auch keiner von euch mein Jünger sein, der nicht allem entsagt, was er hat.
> *Lukas 14,33;* LUT

Echte Nachfolge hat Auswirkungen auf unseren »Besitz«. Besonders die westliche Kultur will sich alles selbst schaffen. Alles muss sich um mich drehen. Alles muss *mich* glücklich machen. Gott möchte aber, dass *er* dein erstes Glück ist. Er möchte, dass du auf ihn schaust. Dass dir wichtig ist, was *er* von deinen Vorhaben hält. Dass du *seine* Pläne für dich erkennen möchtest. Dann wird er dir alles andere dazugeben. Weißt du, Gott will in deinem Leben die erste Geige spielen, und dazu braucht er deine vollkommene, ungeteilte Hingabe.

DU KANNST NICHT SEIN JÜNGER SEIN, WENN DU NICHT ALLES LOSLÄSST, WAS DU BESITZT.

Du kannst nicht sein Jünger sein, wenn du nicht alles loslässt, was du besitzt. Loslassen, das ist ein Prozess. Heute besitze ich gar nichts in meinem Leben. Gar nichts. Denn wenn man etwas besitzt, steht man in Gefahr, besessen zu werden.

Aber ich weiß, dass Gott mir ganz viel anvertraut hat. Für das muss ich sorgen, damit es in guter Ordnung ist. Ich kümmere mich also darum, dass es sich vermehrt und den guten Werken, die Gott der Vater vorbereitet hat, entspricht – und dass sein Segen in die Welt hineinfließen kann! Ich habe die Autorität und die Vollmacht bekommen, alles, was mir anvertraut ist, für Gott in seiner Liebe und mit seiner Kraft zu versorgen.

Gott möchte, dass jeder Tag und alles, was wir von ihm bekommen, ein Geschenk ist. So habe ich auch gelernt, meine Kinder täglich als Geschenk anzunehmen. Sieh deinen Ehepartner als Geschenk an! Er ist nicht dein Besitz! Ihr seid ein Geschenk füreinander.

Gott möchte, dass wir fruchtbar sind

Das Leben vieler Menschen ist furchtbar – aber nicht fruchtbar! Doch Gott möchte, dass wir Frucht bringen! Schauen wir uns an, wie er das in seinem Wort beschreibt:

> Ich bin der wahre Weinstock, und mein Vater ist der Weingärtner. Jede Rebe an mir, die nicht Frucht bringt, die nimmt er weg; und jede, die Frucht bringt, die reinigt er, dass sie mehr Frucht bringt. Ihr seid schon rein um des Wortes willen, das ich zu euch geredet habe. Bleibt in mir und ich in euch! Wie die Rebe nicht von sich selbst Frucht bringen kann, sie bleibe denn am Weinstock, so auch ihr nicht, ihr bleibt denn in mir. Ich bin der Weinstock, ihr seid die Reben. Wer in mir bleibt und ich in ihm, der bringt viel Frucht, denn getrennt von mir könnt ihr nichts tun.
> *Johannes 15,1-5*

Die Weinrebe überlegt sich nicht, wie sie wohl am meisten Frucht bringen kann. Sie beschneidet sich nicht, sie düngt sich nicht und sie bewässert sich nicht selbst. Sie wächst einfach nur und bekommt alles, was sie braucht, durch ihre Verbindung mit dem Weinstock, der vom Weingärtner gepflegt wurde. Genauso müssen und können wir auch nichts aus uns selbst heraus tun.

DAS LEBEN VIELER MENSCHEN IST FURCHTBAR – ABER NICHT FRUCHTBAR!

Um Gottes Willen zu tun und Frucht zu bringen, ist die Beziehung zu Gott das Allerwichtigste! Lass dich von nichts und niemandem davon ablenken! Sei dir bewusst, dass du ohne ihn nichts tun kannst. In deiner eigenen Kraft ist es nicht möglich, etwas zu vollbringen, das in der Ewigkeit zählt.

> Nicht ihr habt mich erwählt, sondern ich habe euch erwählt und bestimmt, dass ihr hingeht und Frucht bringt und eure Frucht bleibt, auf dass, worum ihr den Vater bittet in meinem Namen, er's euch gebe.
> *Johannes 15,16*

Ich glaube nicht, dass Jesus morgens nach dem Aufstehen als Erstes dachte: »Was darf ich heute *nicht* machen? Was *muss* ich tun?« Nein. Er hatte einfach nur Gemeinschaft mit dem Vater. Er hat mit ihm gesprochen und Gott hat ihn geleitet. Das ist es, was auch wir tun sollen. Das heißt es im Reich Gottes, Frucht zu bringen.

Der Vater sagt uns: »Wandle in mir, mit mir, durch mich.« In dem Ausmaß, in dem wir in dieser Verbindung bleiben, bekommen wir die Gnade, um jeden Tag zur Ehre Gottes zu leben und Frucht zu bringen! Es geht um echtes »Einswerden«. Geh mit ihm und überlass Gott die Ergebnisse!

Was ist dein Fundament?

Viele Menschen erkennen aktuell, dass sie ihr Leben auf ein falsches Fundament gebaut haben. Das ist gut! Vielleicht ist das ihr schönes Haus, ihre wunderbaren Kinder, ihr guter Job, ihr Wissen, ihre Fähigkeiten oder der Einfluss, den sie haben. Das ist alles gut und schön, aber es darf nicht das Fundament deines Lebens sein! Wenn du die falschen Dinge zum Fundament gemacht hast, dann kehr um.

Es war nicht immer so, aber heute habe ich mein Leben völlig auf die Aussage von Jesus gebaut: »Es ist vollbracht.« Er hat alles für mich bezahlt. Und indem ich mich ihm hingebe und ihn aufnehme und mit ihm gehe und 24 Stunden am Tag mit ihm lebe, finde ich meine Identität völlig in ihm. Denn *er* selbst ist mein Fundament!

Wenn Jesus Christus dein Fundament ist, dann bist du ein Christ. Damit komme ich wieder zurück zu der Frage von vorhin: Wo finden wir die Bezeichnung »Christ« in der Bibel? In den vier Evangelien ist das Wort nicht zu finden, erst im 11. Kapitel der Apostelgeschichte begegnet uns die Bezeichnung »Christen«.

Christus bedeutet »der Gesalbte« und Christen sind die, die an ihrer Ähnlichkeit mit dem Gesalbten erkannt werden. Ihm ähnlich zu werden – das hat bei den Jüngern offensichtlich sehr lange gedauert.

Ich wünsche mir, dass die Menschen um mich herum eine Ähnlichkeit mit Jesus sehen. Daran, wie ich Christus nachfolge, ihm ähnlich werde, zeigt sich, wie echt mein Glaube ist. Dann bezeichnet mich mein Umfeld als Christ – oder eben nicht! Gott möchte, dass wir Christus zum Fundament unseres Lebens machen und in ihm unsere Identität finden.

Mein größtes Verlangen ist es, Jesus immer ähnlicher zu werden. Ich möchte rein und heilig vor ihm stehen, wenn er wiederkommt. Er wird es vollbringen – halleluja!

Es ist Zeit, durchzubrechen in den reinen Glauben an den guten Willen unseres Vaters im Himmel.
Wir brauchen Glauben an die unendliche Größe Gottes.

Maria Prean

Die Braut Christi

Jesus kam auf diese Welt, um eine Braut für sich freizukaufen. Diese Braut bin ich und das bist du, wenn du ihm nachfolgst (ja, das gilt auch für die Männer). Hast du dich mit dieser Realität im Reich Gottes schon einmal näher befasst? Johannes der Täufer z. B. bezeichnet Jesus als den Bräutigam (Johannes 3,29). Es ist eine himmlische Hochzeit geplant – die Hochzeit vom Lamm Gottes, das ist Jesus. Und die Braut ist die Gemeinde, die er, der Christus, geliebt hat und für die er sich selbst hingegeben hat (Epheser 5,25).

Jesus wird wiederkommen, um seine Braut zu sich zu holen. Das ist unsere große Erwartung!

Lass uns das einmal näher betrachten:

EINE BRAUT HAT GANZ BESONDERE EIGENSCHAFTEN:

- Sie ist total fokussiert auf ihren Bräutigam. Niemand ist ihr wichtiger.
- Sie hat keine anderen Liebhaber.
- Sie will in völliger Harmonie mit ihrem Bräutigam eins werden.

JESUS, DER BRÄUTIGAM, SUCHT EINE BRAUT,

- die völlig auf ihn eingestellt ist.
- die sich nach seinen Wünschen ausrichtet.
- die voller Sehnsucht auf ihn wartet.
- die täglich voller Erwartung nach Zeichen seines baldigen Kommens sucht.
- die sich vorbereitet und bereit ist, ihn zu empfangen.
- die sich von ihrem Bräutigam bedingungslos geliebt fühlt.

Passt diese Beschreibung auf dich und die anderen Christen um dich herum? Wenn du ihm nachfolgst, geht es um dein ganzes Leben. Triff deshalb die Entscheidung, ganze Sache mit Jesus zu machen: Gib dich Jesus ganz hin. Liefere dich ihm ganz aus. Schau nicht mehr auf dich, sondern nur noch auf ihn. Gib ihm alles und folge ihm nach.

Sei ein echter Nachfolger von Jesus und geh voller Erwartung Jesus, deinem Bräutigam, entgegen. Auch damit tun wir den Willen des Vaters: Er möchte, dass wir uns ganz auf dieses Ziel ausrichten, denn er hat uns als Braut teuer erkauft mit dem Leben seines Sohnes.

> Jesus sagt: Ich komme bald. Halte fest, was du hast, damit niemand deinen Siegeskranz nimmt.
> *Offenbarung 3,11*

Dein Gebet

Vater,
ich danke dir, dass du mich erwählt hast
als Teil der Braut von deinem Sohn Jesus.
Jesus, du hast einen hohen Preis für mich bezahlt.
Das will ich niemals vergessen. Von ganzem Herzen liefere ich
mich dir völlig aus. Mein Leben gehört nur dir allein
und ich will dir nachfolgen.
Es gibt niemanden, der mir mehr bedeutet als du.
Ich liebe dich mit meinem ganzen Sein
und möchte nur das tun, was dir gefällt.
Danke, dass mich deine Liebe umfängt und trägt und dass mich
nichts und niemand von deiner Liebe trennen kann.
Ich kann es kaum erwarten, dass du kommst, um deine Braut zu
holen. Dann werden wir für alle Ewigkeit zusammen sein.
Jesus, ich liebe dich!
Komm, Herr Jesus! Komme bald!
Amen.

5

Glaube

DANIEL EXLER

Alles ist möglich für den, der da glaubt!
Markus 9,23

Zu glauben, das ist etwas, das ich in meinem Leben gelernt habe. Doch was bedeutet das konkret, wenn Jesus sagt, dass dem, der Glauben hat, alles möglich ist? Und was hat Glaube mit dem Neuen Bund zu tun? Wie können wir im Neuen Bund durch das leben, was Jesus für uns erkauft hat? Dazu müssen wir zunächst verstehen, was ein Bund ist und wozu es ihn überhaupt braucht.

Ein Bund beruht auf gegenseitiger Hingabe von zwei Parteien. Es gibt dabei aber keine Verhandlungen, denn ein Bund ist kein Vertrag, den man aushandeln könnte. Auch wenn einer der beiden Bundespartner eine ausgemachte Bundesverpflichtung nicht erfüllt, bleibt der Bund bestehen. Denn er beruht nicht auf dem richtigen Verhalten, sondern auf der hingegebenen Beziehung aneinander.

In dem Bundesschluss zwischen Gott und den Menschen bietet die stärkere Partei – Gott – der schwächeren Partei – den Menschen – den Bund als Grundlage für die Beziehung an. Es sagt sehr viel über das Wesen unseres Gottes aus, dass er sich in einen Bund hingibt, wo man schon vorher weiß, dass sein Bundespartner ihm nicht treu sein wird.

Der Alte Bund

Im Alten Testament lesen wir davon, wie Gott beginnt, mit einzelnen Menschen Bündnisse zu schließen. Er beginnt mit dem Bund mit Noah (1. Mose 9,8-17) und schließt dann einen Bund mit Abraham (1. Mose 15,1-21). Dann schließt er einen Bund mit Mose (2. Mose 24,1-8). Diesen Mose-Bund nennt man auch den Alten Bund.

Die Grundlage für den Alten Bund war das Gesetz: die Zehn Gebote, die Gott Mose auf dem Berg Sinai gab. Gott schrieb sie als Grundlage für die gegenseitige Hingabe selbst auf zwei Steintafeln, die dann in der Bundeslade aufbewahrt wurden und ihren Platz im Allerheiligsten der Stiftshütte hatten. In diesem Moment war die Erwählung festgeschrieben: »Ich bin dein Gott, der dich befreit hat, und du bist mein Volk« – das ist die Grundlage für den Exodus und den Weg des Volkes Israel in das verheißene Land.

> DER ALTE BUND WAR ABHÄNGIG DAVON, DASS DIE MENSCHEN IN DEN GEBOTEN GOTTES LAUFEN WÜRDEN.

Bündnispartner waren Gott und *nur* das Volk Israel. Alle anderen Menschen waren zunächst »ausgeschlossen vom Bürgerrecht Israels und Fremdlinge hinsichtlich der Bündnisse der Verheißung« (Epheser 2,12). Sie hatten noch keine Hoffnung und waren ohne Gott in der Welt.

Das große Problem war, dass dieser Bund abhängig davon war, dass die Menschen in den Geboten Gottes laufen würden. Spätestens seit der Geschichte mit dem goldenen Kalb war klar, dass die Menschen die Zehn Gebote nicht halten können. Es kamen noch 603 weitere Vorschriften und Verhaltensanweisungen dazu, die helfen sollten, die Zehn Gebote im alltäglichen Leben zu befolgen.

Allerdings war der Mensch tatsächlich nie in der Lage, das Gesetz Gottes vollkommen einzuhalten. Gott führte aus diesem Grund eine relativ aufwendige Opferstruktur ein. Die Position der Priester und insbesondere des Hohepriesters war darin entscheidend: Einmal im Jahr an Jom Kippur, dem Versöhnungstag, brachte der Hohepriester stellvertretend für das ganze Bundesvolk Israel ein Opfer vor Gott dar. Damit wurde die gesamte Schuld des ganzen Volkes auf das Opfertier geladen und verbrannt. So schaffte Gott auch schon im Alten Bund für die Menschen einen Weg, in diesem Bund trotz aller menschlichen Unfähigkeit zu bestehen.

Aber: Echte und anhaltende Freiheit von dem gottlosen Herz aller Menschen in seinem Bundesvolk – das war in diesem Bündnis nicht möglich. Auch Gott sah das. Damit war es ein unvollkommener und zeitlich begrenzter Bund (Hebräer 8,7-12). Und doch hat er einen Zweck erfüllt:

- **Der Alte Bund gibt den Maßstab für Gerechtigkeit an.** »Und wo gibt es eine große Nation, die so gerechte Ordnungen und Rechtsbestimmungen hätte wie dieses ganze Gesetz, das ich euch heute vorlege?« (5. Mose 4,8).
- **Der Alte Bund identifiziert Sünde und zeigt die Wesenssünde des Menschen vor Gott auf**: »Was sollen wir nun sagen? Ist das Gesetz Sünde? Auf keinen Fall! Aber die Sünde hätte ich nicht erkannt als nur durchs Gesetz. Denn auch von der Begierde hätte ich nichts gewusst, wenn nicht das

Gesetz gesagt hätte: ›Du sollst nicht begehren!‹ Die Sünde aber ergriff durch das Gebot die Gelegenheit und bewirkte jede Begierde in mir; denn ohne Gesetz ist die Sünde tot« (Römer 7,7-8).

- **Der Alte Bund weist die Menschen auf den Glauben hin und zeigt, dass wir durch eigene Werke und Taten kein Heil und keine Heiligung erlangen können.** Es wird so klar, dass wir Menschen einen Retter brauchen: »Also ist das Gesetz unser Erzieher auf Christus hin geworden, damit wir aus Glauben gerechtfertigt werden. Nachdem aber der Glaube gekommen ist, sind wir nicht mehr unter einem Erzieher; denn ihr alle seid Söhne Gottes durch den Glauben in Christus Jesus« (Galater 3,24-26).

Der Neue Bund

In Gott war der Plan einen neuen Weg zu schaffen, bereits verborgen. Einen Weg, der es den Menschen und ihm ein für alle Mal ermöglichen würde, in dem Bund zwischen Himmel und Erde zu stehen. Der Neue Bund begann damit, dass der vollkommene und heilige Sohn Gottes, Jesus, ein sterblicher Mensch wurde. Als Mensch und als Gott vollbrachte er den menschlichen Part in dem Bündnis mit Gott – durch sein Werk am Kreuz.

Deine Ermutigung aus dem Wort

Die Grundlage für den Neuen Bund ist …

… die Liebe Gottes zu uns.

Denn so hat Gott die Welt geliebt, dass er seinen einzigen Sohn gab, damit jeder, der an ihn glaubt, nicht verloren geht, sondern ewiges Leben hat.

Johannes 3,16

… Erlösung und Vergebung von Schuld.

In ihm haben wir die Erlösung durch sein Blut, die Vergebung der Vergehungen, nach dem Reichtum seiner Gnade.

Epheser 1,7

… das ewige Leben.

Wer an den Sohn glaubt, hat ewiges Leben; wer aber dem Sohn nicht gehorcht, wird das Leben nicht sehen, sondern der Zorn Gottes bleibt auf ihm.

Johannes 3,36

… der freimütige Zugang zum himmlischen Vater.

Da wir nun, Brüder, durch das Blut Jesu Freimütigkeit haben zum Eintritt in das Heiligtum …

Hebräer 10,19

… die Freiheit von der Anklage des Feindes.

Wer wird gegen Gottes Auserwählte Anklage erheben? Gott ist es, der rechtfertigt.

Römer 8,33

… gerecht gesprochen worden zu sein.

Den, der Sünde nicht kannte, hat er für uns zur Sünde gemacht, damit wir Gottes Gerechtigkeit wurden in ihm.

2. Korinther 5,21

> **... Segen statt Fluch.**
> Christus hat uns losgekauft von dem Fluch des Gesetzes, indem er ein Fluch für uns geworden ist – denn es steht geschrieben: »Verflucht ist jeder, der am Holz hängt!« –, damit der Segen Abrahams in Christus Jesus zu den Nationen kam, damit wir die Verheißung des Geistes durch den Glauben empfingen.
> *Galater 3,13-14*

Der Alte Bund war kein erster Versuch, an den Gott den Neuen Bund wie einen Plan B anschließen musste. Beide Bünde, der alte und der neue, waren von Beginn an so von Gott geplant. Der Alte Bund hatte seinen Zweck und wurde dann durch Jesus Christus im Neuen Bund erfüllt.

Der Neue Bund ist nun ein Bund des Glaubens. Er setzt voraus, dass wir Glauben an das investieren, was Jesus stellvertretend für die Menschen getan hat. Es ist darum wichtig zu verstehen, was der Glaube im Neuen Bund bedeutet.

DER NEUE BUND IST NUN EIN BUND DES GLAUBENS.

Dazu möchte ich dich herausfordern: dass du diesen Glauben entdeckst, durch den im Neuen Bund alles möglich ist! Davon will ich hier berichten. Es soll ein Geschenk an dich sein aus der Tiefe meines Herzens. Gott hat mich mit diesem Glauben beschenkt und ich will ihn durch mein Zeugnis weitergeben.

Gottes Wahrheit und meine Realität werden eins

Ich bin in einem christlichen Elternhaus aufgewachsen. Dort habe ich immer von Jesus gehört. Von dem Jesus, der heilt. Von Jesus, der befreit. Jesus, der Tote auferweckt. In unserer Gemeinde war ich von klein auf immer dabei. Ich durchlief verschiedene Dienste, angefangen beim Folien-Aufleger für den Overhead-Projektor bis ich irgendwann auch Jugendleiter wurde. Ich stand kurz vor meinem Studium und zu dieser Zeit wurde ich sehr krank.

Ich war gerade mit der Jugend unserer Gemeinde unterwegs bei einem Jugendcamp. Ganz plötzlich verlor ich 50 Prozent meiner Sehkraft. Außerdem konnte ich die Bewegungen in meinem rechten Arm und meinem Bein nicht mehr koordinieren und humpelte durch die Gegend. So kam ich aus dem Jugendcamp nach Hause. Meine Familie war geschockt und wir konnten uns das nicht erklären. Also kam ich ins Krankenhaus und wurde dort intensiv durchgecheckt. Das war eine langwierige Prozedur mit vielen ärztlichen Befragungen, Untersuchungen und einer Kernspintomografie. Dann wurde die Diagnose gestellt. Sie war mehr als erschütternd: Unheilbar krank!

Die Ärzte sagten mir, ich hätte MS, Multiple Sklerose. Das ist eine Autoimmunerkrankung, eine chronisch-entzündliche Erkrankung des zentralen Nervensystems. Diese Krankheit ist aus medizinischer Sicht bis heute unheilbar.

Man könne nichts für mich tun. Ich solle mich zukünftig spritzen und müsse damit rechnen, in spätestens zwei Jahren im Rollstuhl zu sitzen, sagte man mir. Ich war gerade neunzehn Jahre alt, auf dem Sprung ins Studium und ich hatte mein Leben noch vor mir! Und nun das – welch eine Diagnose!

Ich sehe meine Mutter heute noch vor mir, wie sie dort am Eingang unseres Hauses auf den Stufen saß und weinte. Sie half zu diesem Zeitpunkt einer Frau im Haushalt, die an MS erkrankt war und im Rollstuhl saß. Meine Mutter wusste, was meine Diagnose bedeutete. Sie weinte um mich, ihren Sohn. Sie sah mich schon vor ihren geistigen Augen im Rollstuhl sitzen, das Leben zerstört und ohne Zukunft. Wenn es irgendeine Möglichkeit gegeben hätte, dass meine Mutter mir diese Krankheit hätte abnehmen können, sie hätte es getan.

Doch es gibt Dinge im Leben, die wir anderen Menschen nicht abnehmen können. Dinge, durch die jeder selbst durchmuss. Mir wurde klar, dass ich an einem Punkt in meinem Leben angekommen war, an dem ich mich entscheiden musste: Entweder konnte ich über quälenden Warum-Fragen in Depressionen versinken oder mich an Jesus wenden.

DIAGNOSE: UNHEILBAR! UND JESUS BRACHTE MICH AUF EIN GANZ NEUES LEVEL, DURCH GLAUBEN!

Von allen Seiten hörte ich: »Du bist krank.« – »Unheilbar.« – »Es gibt keine Hoffnung mehr.« Und die Diagnose war ja auch eindeutig. Aber seit meiner Kindheit wusste ich, dass Jesus gesagt hatte: »Was unmöglich ist bei den Menschen, ist möglich bei Gott« (Lukas 18,27).

Genau an diesem Punkt lernte ich eine komplett andere Dimension kennen: aus dem Glauben zu leben. Jesus kam auf eine neue Art und Weise in mein Leben, die ich bisher noch nicht so erlebt hatte. Er brachte mich auf ein ganz neues Level, durch Glauben!

Damals begann ich, Bibelstellen über Heilung zu lesen – jeden Tag. Während ich durch mein Zimmer humpelte, las ich mir diese Worte Jesu laut vor:

Deine Ermutigung aus dem Wort

Mein Sohn, auf meine Worte achte,
meinen Reden neige dein Ohr zu! Lass sie nicht aus deinen
Augen weichen, bewahre sie im Innern deines Herzens!
Denn Leben sind sie denen, die sie finden,
und Heilung für ihr ganzes Fleisch.

Sprüche 4,20-22

Darum sage ich euch: Alles, um was ihr auch betet und bittet,
glaubt, dass ihr es empfangen habt, und es wird euch werden.

Markus 11,24

Aber in diesem allen sind wir mehr als Überwinder durch den,
der uns geliebt hat.

Römer 8,37

... der unsere Sünden an seinem Leib selbst an das Holz
hinaufgetragen hat, damit wir, den Sünden abgestorben, der
Gerechtigkeit leben; durch dessen Striemen
ihr geheilt worden seid.

1. Petrus 2,24

Doch er war durchbohrt um unserer Vergehen willen,
zerschlagen um unserer Sünden willen.
Die Strafe lag auf ihm zu unserm Frieden,
und durch seine Striemen ist uns Heilung geworden.

Jesaja 53,5

Der Dieb kommt nur, um zu stehlen und zu schlachten
und zu verderben. Ich bin gekommen,
damit sie Leben haben und es in Überfluss haben.

Johannes 10,10

Während ich das tat, kamen mir immer wieder Gedanken wie: »Du bist verrückt. Das ist doch lächerlich. Schau dich doch an!« Aber ich entschied mich, diese Verheißungen für mich persönlich anzunehmen. Und so begann ich, das Prinzip des Glaubens langsam zu verstehen: Die Krankheit ist die Realität. Aber das Wort Gottes ist die Wahrheit! Das heißt, wenn Jesus sagt, dass für den, der glaubt, alles möglich ist, dann ist das die Wahrheit!

Es ist vollbracht

Als Jesus hier auf der Erde war, heilte er viele Kranke. Bei einigen fand er großen Glauben. Da war zum Beispiel die Frau, die zwölf Jahre lang unter ständigen Blutungen gelitten hatte. Sie berührte im Glauben nur das Gewand von Jesus, als er bei ihr vorbeiging. Und Jesus sagte zu ihr: »Sei guten Mutes, Tochter! Dein Glaube hat dich geheilt« (Matthäus 9,22). Und genau so war es dann auch.

Der Schlüssel für die Heilung von unserem Körper ist der Glaube. Es ist ein Schlüssel für deine Familie, ein Schlüssel für deine Gesundheit, ein Schlüssel für deine Zukunft, ein Schlüssel für deine Berufung.

Ich humpelte also herum in meinem Zimmer und zitierte Gottes Wort aus Jesaja 53 und sprach laut aus: »Durch seine Striemen bin ich geheilt.« Und während ich es aussprach, hörte ich die Wahrheit mit meinen eigenen Ohren. Und es blieb nicht ohne Wirkung: In mir entstand Glaube für genau diese Wahrheit: »Der Glaube kommt aus dem Hören der Botschaft; und diese gründet sich auf das, was Christus gesagt hat« (Römer 10,17; HFA).

Ich sprach die Wahrheit Gottes in Bezug auf meine Diagnose immer wieder aus und die Worte schlugen Wurzeln in meinem Herzen. Mehr und mehr wuchs in mir neuer Glaube dafür, dass Gott mich bereits geheilt hat. Und in diesem Moment, als der Glaube stark wurde, verstand ich, dass das Wort Gottes die Wahrheit ist. Das, was Gott sagt, ist das Entscheidende! In mir entstand so ein starker Glaube, dass ich unterscheiden konnte: Die Umstände sind das eine, aber das Wort Gottes ist das andere. Und nur das Wort Gottes ist die Wahrheit!

DIE UMSTÄNDE SIND DAS EINE, ABER DAS WORT GOTTES IST DAS ANDERE!

Dieser Glaube bekam die Oberhand in meinem Herzen und, so verrückt es auch klingt, eines Tages wusste ich plötzlich, dass ich geheilt bin. Mein Körper funktionierte zwar immer noch nicht so, wie er sollte, aber das Wort Gottes sagte es mir und ich glaubte es mit jeder Faser meines Seins. Ich wusste: Ich bin geheilt!

Daraufhin war ich wieder mehrfach im Krankenhaus, wurde untersucht und in die Röhre gesteckt. Es wurden immer wieder Tests gemacht. Das Wunder, das ich bereits in meinem Inneren erkannt hatte, wurde dann tatsächlich auch für alle anderen sichtbar! Die Ärzte hatten vorher definitiv MS diagnostiziert, eine unheilbare Krankheit. Und jetzt konnte nichts mehr nachgewiesen werden, aus medizinisch nicht erklärbaren Gründen. Die Ärzte konnten sich das nicht erklären, zumal die körperlichen, äußerlichen Symptome immer noch da waren. Unfassbar!

Mir gab das für meinen Weg des Glaubens enormen Rückenwind. Ich hielt weiter das Wort Gottes fest und sprach es immer weiter aus. Die Heilung war bereits innerlich vollbracht, nur äußerlich noch nicht sichtbar! Mein Körper brauchte nur noch ein wenig Zeit. Und so war es dann auch. Nach einiger Zeit war ich auch körperlich wieder vollkommen hergestellt.

Damals, als die Diagnose gestellt wurde, sagten die Ärzte, dass ich zwei Jahre später im Rollstuhl sitzen würde. Heute bin ich bereits seit achtzehn Jahren vollständig geheilt. Weil es einen Gott gibt, der heute noch heilt. Sein Name ist Jesus Christus! Er ist der Anfänger und Vollender des Glaubens. Er ist der, der am Kreuz gesagt hat: »Es ist vollbracht.« Und es ist vollbracht, auch für dein Leben!

Ich sah den Himmel

Als ich durch Glauben geheilt wurde, veränderte das auch mein geistliches Leben völlig. Ab jetzt wusste ich nicht nur, dass Gott theoretisch heilen kann. Jetzt hatte ich es selbst erlebt! Die geistliche Wahrheit war auch zu meiner physischen Realität geworden – anfassbar, real, lebensverändernd. Ziemlich schnell verstand ich, dass ich das, was ich erfahren hatte, weitergeben durfte. Dass Gott heilt, ist ein Geschenk für mich – und es ist ein Geschenk für dich. Es ist ein Geschenk des Glaubens. Ein Glaube, der aus dem Wort kommt und mit dem übereinstimmt, was Gott sagt – direkt vom Himmel.

Ich begann also überall, wo ich war, für Menschen zu beten, und viele wurden geheilt. Menschen wurden frei. Und dann entrückte mich Jesus vor einigen Jahren erstmals in den Himmel.

DASS GOTT HEILT, IST EIN GESCHENK DES GLAUBENS FÜR DICH UND MICH.

Der Himmel ist der Ort, an dem Gott wohnt. Es ist der Ort, wo alle, die an Jesus Christus glauben und hier auf der Erde sterben, in Ewigkeit mit Gott leben werden. Die Bibel drückt das so aus: »Denn wir wissen, dass, wenn unser irdisches Zelthaus zerstört wird, wir einen Bau von Gott haben, ein nicht mit Händen gemachtes, ewiges Haus in den Himmeln« (2. Korinther 5,1).

Jesus selbst bereitet alles für uns vor: »Und wenn ich hingehe und euch eine Stätte bereite, so komme ich wieder und werde euch zu mir nehmen, damit auch ihr seid, wo ich bin« (Johannes 14,3). Es ist ein Ort, wo es kein Leid mehr gibt, keine Trauer, keine Schmerzen, keinen Streit und keinen Tod. So wird es in der Offenbarung beschrieben. Und wir dürfen dort die Ewigkeit verbringen.

Ich war immer der Meinung, um den Himmel sehen zu können, müsste ich sterben. Nie habe ich damit gerechnet, solange ich noch hier auf der Erde bin, etwas so Außerordentliches zu sehen. Doch dann hatte ich ein ganz besonderes Erlebnis.

Am 18. Mai 2013 saß ich in einer christlichen Konferenz in einem Saal mit etwa 600 Menschen. Vorne sprach der Prediger davon, dass er selbst schon einmal im Himmel war. Und während ich ihm zuhörte, entrückte Gott meinen Geist in den Himmel. Mein Körper saß weiterhin dort auf dem Stuhl im Saal. Ich wusste innerlich, dass solange dieser Mann dort vorne sprach, solange würde ich im Himmel sein.

Ähnlich wie in einem Traum konnte ich die Umgebung klar und deutlich erkennen. Das war wieder so ein Moment, in dem Gottes Wahrheit und meine erlebte Realität ganz plötzlich eins wurden. Und ich wusste, wenn der Mann aufhörte zu reden, würde ich zurück in meiner Realität sein. Ich hoffte auf eine sehr lange Predigt, wie ihr euch vorstellen könnt! Tatsächlich predigte er fast eineinhalb Stunden. Aber mir kam es vor wie fünf Minuten.

Der allererste Moment, den ich im Himmel erlebte, war ein überwältigendes Gefühl. Ich spürte die Liebe Gottes in nie gekanntem

Maß. Zum ersten Mal fühlte ich mich durch und durch zu Hause. Zum ersten Mal in meinem Leben war ich dort, wo ich hingehörte, wofür ich geschaffen wurde. Ich fühlte mich völlig angenommen und geliebt. Die Gegenwart Gottes, seine Liebe, hat mich umgeben.

Die Bibel beschreibt das so: »Denn ein Tag in deinen Vorhöfen ist besser als sonst tausend« (Psalm 84,11a). Ich möchte es noch krasser sagen: Eine Sekunde lang Gottes Liebe zu erleben, ist besser, als tausend Jahre im schönsten Urlaubsparadies der Welt zu verbringen.

EINE SEKUNDE LANG GOTTES LIEBE ZU ERLEBEN, IST BESSER ALS TAUSEND JAHRE SCHÖNSTES URLAUBSPARADIES.

Dort im Himmel sah ich meine Verwandten. Später zeigte mir Jesus auch Babys, die vor ihrer Geburt hier auf der Erde abgetrieben worden waren, und Babys, die wegen einer Fehlgeburt nie geboren worden waren. Er zeigte mir, wie sie ihren Müttern zurückgegeben wurden, als sie dann in den Himmel kamen. Das war unglaublich berührend. In diesem Moment, als die Mütter ihre Babys in die Arme schlossen, sah ich, wie übernatürliche Heilung geschah – und all das in dieser Atmosphäre der unvergleichlichen Liebe Gottes.

Durch Glauben ist alles möglich – Was bedeutet das für dich?

Über dieses Himmelserlebnis gibt es noch viel zu berichten und das werde ich an anderer Stelle auch tun. Es ist klar, dass dieses Erlebnis mein Leben sehr berührt und geprägt hat. Ich verstand dadurch, dass es Ebenen des Glaubens gibt, in denen alles möglich ist. Also suchte ich in Gottes Wort, was Glaube mit dem Himmel zu tun hat. Gott zeigte mir diese Bibelstelle aus dem Hebräerbrief:

> Durch Glauben wurde Henoch entrückt, sodass er den Tod nicht sah, und er wurde nicht gefunden, weil Gott ihn entrückt hatte; denn vor der Entrückung hat er das Zeugnis gehabt, dass er Gott wohlgefallen habe.
> *Hebräer 11,5*

Henoch, der Urgroßvater von Noah, lebte so nah und innig mit seinem Schöpfer, er hatte so eine enge Beziehung zu ihm, dass er nicht sterben musste, um in das Leben nach dem Tod einzugehen. Er wurde direkt entrückt – und das passierte, weil er *glaubte*! Ist das nicht total ermutigend? Durch Glauben ist alles möglich!

Viele Menschen haben gehört, dass ich ein Himmelserlebnis hatte. Sie hörten es mit ihren Ohren und sie ließen es auch in ihre Herzen hinein. Sie glaubten es! Und einige von ihnen hatten danach selbst Himmelserlebnisse. Manche von ihnen sahen zum Beispiel ihre eigenen verlorenen Kinder und es entstand dadurch eine übernatürliche Heilung in ihrem Leben.

Auch wenn kein Therapeut, kein Arzt dir mehr helfen kann: Geh zum Arzt der Ärzte! Geh zu deinem Schöpfer! Er wartet auf dich mit offenen Armen und sagt: »Komm in meine Arme! Ich will dich heilen! Ich will dich wiederherstellen! Ich liebe dich!« Mir haben die Ärzte gesagt, dass ich keine Chance mehr hätte. Aber bei Gott gibt es immer eine Chance.

Vielleicht hast du erlebt, dass Menschen dich abgelehnt haben, vielleicht auch Schlimmeres. Jesus stellt alles wieder her! Er liebt dich und er kann den Schmerz in deinem Herzen heilen. Er hat die beste Zukunft für dich.

Vielleicht hast du eine Scheidung durchlebt oder musstest durch eine Insolvenz gehen. Oder vielleicht hast du geistlichen Missbrauch erlebt. Ich ermutige dich, dich nicht länger auf deine Schmerzen oder Probleme zu fokussieren. Richte dein Herz im

Glauben auf die Wahrheit Gottes aus. Schau auf den, der alles verändern kann – das ist Jesus Christus.

Jesus geht mit dir – jeden Schritt. Er ist gerade jetzt bei dir und geht mit dir gemeinsam durch alle Probleme hindurch, durch alles, was in dir Schmerzen auslöst. Von Jesaja wird er als »Mann der Schmerzen« beschrieben. Er weiß, was Leiden heißt (Jesaja 53,3). Jesus kennt beides: Schmerzen zu ertragen und die Freude darüber, von ihnen befreit zu sein. Er weiß genau, wie du dich fühlst, und macht sich mit dir gemeinsam auf den Weg. Er allein ist der Anfänger und auch der Vollender deines Glaubens.

Und das ist der Schlüssel, den ich dir heute geben möchte: Durch Glauben ist alles möglich!

Glaube im Neuen Bund

Am Anfang dieses Kapitels habe ich beschrieben, was der Neue Bund ist, in dem wir seit Jesus leben dürfen. Es ist ein Bund des Glaubens. Lass uns noch einmal genauer hinsehen, was dieser Glaube eigentlich ist:

> Der Glaube ist also der tragende Grund für das, was man hofft: Im Vertrauen zeigt sich jetzt schon, was man noch nicht sieht.
>
> *Hebräer 11,1; HFA*

Der Glaube ist also der tragende Grund für das, was man hofft! Wenn du glaubst und deine Hoffnung ganz auf Jesus setzt, bewirkt dein Glaube einen Wechsel: Hoffnung wird zu Realität. Das, was du hoffst, wird verwirklicht. Deswegen ist es so entscheidend, *worauf* wir hoffen und dass wir Gottes Wahrheit kennen.

Die zweite Ebene ist die Überzeugung von Dingen, die man nicht sieht. Zu glauben heißt: Man ist überzeugt oder auch überführt oder absolut sicher von Dingen, die man nicht sieht. Das ist Glaube!

Als ich unheilbar krank war, sagten die Ärzte: »Unheilbar.« Mein Körper sagte: »Unheilbar.« Die Diagnose sagte: »Unheilbar.« Meine Gefühle sagten: »Unheilbar.«

Aber das Wort Gottes sagte: »Durch meine Wunden bist du geheilt!«

Vergiss nie: Das eine ist die Realität, aber das andere ist die Wahrheit. Der ewigen und für unsere Augen oft unsichtbaren Wahrheit Gottes in voller Überzeugung zu vertrauen, das ist der Glaube. Durch unseren Glauben an das, was Gott sagt, und an seine Fähigkeiten und Ressourcen ermöglichen wir es ihm, dass er jede sichtbare Realität verändern kann. Denn alles ist möglich dem, der da glaubt!

Ich habe verstanden: Egal, was die Menschen, meine Gefühle oder irgendwelche Diagnosen sagen: Das, was *Gott* sagt, ist das Entscheidende. Ich war davon überzeugt, dass ich bereits geheilt *bin*. Nicht, dass ich geheilt *werde*. Glaube im Neuen Bund nimmt etwas in die Hand, ins Heute hinein. Er nimmt es nicht in die Zukunft hinein, denn die Zukunft ist Hoffnung. Aber das Heute ist Glaube.

DIE ZUKUNFT IST HOFFNUNG. DAS HEUTE IST GLAUBE.

Werde ein Glaubender des Neuen Bundes! Nimm die Verheißungen und stelle sie in das Heute hinein, indem du sagst: »Danke, dass ich geheilt *bin*. Danke, dass es vollbracht *ist*. Danke, dass ich gerecht *bin*.«

Jesus hat es bereits für dich vollbracht! Glaube heute das, was Gott dir gesagt hat. Schiebe es nicht auf in die Zukunft. Es geht nicht nur darum, dass du auf etwas hoffen darfst. Du darfst Jesus heute glauben. Du darfst ihn beim Wort nehmen. Und er sagt: »Alles ist möglich, wenn du glaubst.« Diese Wahrheit stärkt unseren Geist.

Es gibt noch einen weiteren Aspekt des Glaubens im Neuen Bund: Er ist zentral für die Beziehung zwischen uns Menschen und Gott. Er ist ein zentraler Teil von dem Bundesschluss zwischen Gottvater und Jesus, seinem Sohn. »Ohne Glauben aber ist es unmöglich, ihm wohlzugefallen; denn wer Gott naht, muss glauben, dass er ist und denen, die ihn suchen, ein Belohner sein wird«, lesen wir in Hebräer 11,6.

Das heißt also: Wenn wir Gott gefallen wollen, wenn wir ihm wirklich gefallen wollen, geht das nur durch Glauben! Unser Glaube zeigt, dass wir uns ganz und gar hingeben. Dass wir Gott vertrauen, dass das, was er sagt, wahr ist und uns trägt. Unser Glaube zeigt, dass wir Gott vertrauen und ihn lieben. Und das ist es, was Gott in uns Menschen sucht: Augen, die sich auf ihn richten; Herzen, die sich ungeteilt an ihn hängen (2. Chronik 16,9).

Also wenn du Gott gefallen willst, dann glaube ihm. Glaube seinem Wort, nimm seine Verheißungen an. Sag ihm: »Jesus, ich sehe es nicht. Ich weiß nicht, wie. Aber ich glaube dir. Ich sehe mit meinen inneren Augen, was ich mit meinen physischen Augen noch nicht sehe.« Das ist Glaube. Halte das fest!

Die Evangelien erzählen von zwei Menschen, denen Jesus begegnet ist, die einen großen Glauben hatten. Beide baten um Heilung für andere Menschen, die ihnen wichtig waren. Beide waren nicht aus dem Bundesvolk Israel.

Die eine Person war eine nicht jüdische Mutter aus Kanaan, die sich wünschte, dass Jesus ihre Tochter von einem bösen Geist befreit. Jesus sagte zu ihr, nachdem er sie zunächst mehrmals abgewiesen hatte, die Frau aber beharrlich an ihm dranblieb: »Dein Glaube ist groß! Was du willst, soll geschehen« (Matthäus 15,26; HFA). Diese Mutter war eine der ersten Nichtjuden, die durch Jesus selbst Heilung erlebt haben – wegen ihrem großen Glauben und mitten in der Ablehnung und Demütigung ihrer Realität.

Die andere Person war ein römischer Hauptmann in Kapernaum. Er berichtet Jesus von seinem Knecht, der daheim liegt und sehr krank ist. Als Jesus dann zu ihm sagt, dass er zum Haus des Hauptmannes kommen will, um den Knecht zu heilen, antwortet der Hauptmann: »Du brauchst nicht in mein Haus kommen. Sprich nur ein Wort und mein Knecht wird gesund werden« (Matthäus 8,8). Jesus schaut ihn an und ist erstaunt. Er sagt, dass er noch nirgends so einen Glauben gefunden hat, der so überzeugt mit der unsichtbaren Wahrheit rechnet.

Das wünsche ich dir und mir von Herzen: wenn Jesus in unser Haus kommt und uns sieht, dass er sagt: »Wow! Noch nie habe ich so einen großen Glauben gesehen!« Dass wir im Himmel bekannt werden als Menschen des Glaubens, die im Neuen Bund leben und Gottes Wahrheit von ganzem Herzen vertrauen.

Gib nicht auf

Als ich meine MS-Diagnose bekommen hatte und anfing, im Glauben damit umzugehen, wuchs in mir die Erkenntnis: Glaube kommt selten alleine. Er kommt zusammen mit seinem Bruder. Weißt du, wer dieser Bruder ist?

> … damit ihr nicht träge werdet, sondern Nachahmer derer, die durch Glauben und Ausharren die Verheißungen erben.
> *Hebräer 6,12*

Der Bruder des Glaubens ist das Ausharren. Man nennt ihn auch Geduld. Diese beiden gehören zusammen. Die Kombination aus Glauben und Geduld im Neuen Bund ist stark! Sie lässt uns die Verheißungen Gottes erben.

Vielleicht wartest du schon jahrelang auf deinen Durchbruch, trägst schon lange ein Leiden oder die Not einer geliebten Person mit dir herum. Ich möchte dich ermutigen: Gib nicht auf! Halte daran fest, zu glauben! Es ist egal, wie viele Jahre du schon wartest. Hab Geduld!

Wir haben eine ältere Frau in unserer Gemeinde, die einen Sohn hat. Er war über zehn Jahre lang drogenabhängig. Aber Gott gab ihr eine Verheißung. Und die proklamierte sie: »Ich werde die Verheißungen erben. Gott hat mir gesagt, mein Sohn wird nicht sterben, sondern leben. Und er wird die Werke des Herrn verkündigen.«

Sein Zustand wurde immer schlimmer. Nach zwölf Jahren Abhängigkeit spritzte er sich eines Nachts dann eine Überdosis. Er war zu Hause und lebte noch im Haus der Mutter. Sein Körper fiel auf den Boden und er verließ seinen Körper. Sein Leben war zu Ende.

Später erzählte er, was er im Geist in diesem Moment erlebte. Er sah plötzlich die geistliche Welt und erkannte: »Das, was meine Mutter immer gesagt hat, stimmt! Es gibt tatsächlich ein Leben nach dem Tod. Jetzt ist es zu spät für mich! Ich habe mich nie für Jesus entschieden!«

In diesem Moment wachte seine Mutter auf. Der Heilige Geist hatte sie geweckt und sagte ihr, sie solle ins Zimmer ihres Sohnes gehen.

Sie kam also in das Zimmer und sah den toten Körper ihres Sohnes dort liegen. Sie kniete sich hin und legte die Hände auf ihn und sprach: »Mein Sohn wird nicht sterben, sondern leben und die Werke des Herrn verkündigen! Tod, verschwinde aus dem Körper meines Sohnes!« Mit ihren Worten kam der Geist des Sohnes wieder zurück in seinen Körper. Er bekam eine zweite Chance zu leben. Er öffnete die Augen, sah seine Mutter vor sich knien und sagte: »Es stimmt, was du gesagt hast! Ich muss zu Jesus umkehren!« In derselben Nacht übergab er sein Leben Jesus und Gott hat ihn freigesetzt!

All das geschah nur, weil eine Frau an Gottes Fähigkeiten und an seine Wahrheit mehr glaubte als an das, was ihre erlebte Realität war. Diese Frau hat verstanden, dass sie im Neuen Bund lebt und dass sie dem Herrn Glauben schenken kann. Sie hat sich entschieden, darin auszuharren, und hat Geduld investiert. Lange Jahre war sie geduldig im Glauben. Sie hat auf den Moment gewartet, bis der Durchbruch kam.

Oft ist es so, wie es auch diese Frau aus unserer Gemeinde erlebt hat: Kurz bevor der Durchbruch kommt, kurz vor der Gebetserhörung, gibt es die größten Herausforderungen. Deshalb ist es so wichtig, dass wir uns immer wieder ermutigen lassen, an der Wahrheit festzuhalten.

Sprich im Glauben zu den Bergen

Unser Glaube hat Durchschlagskraft, weil der, an den wir glauben, Vollmacht hat. Das sehen wir an diesem Beispiel, das Paulus in seinem Brief an die Römer macht, als er über den Glaubensvater Abraham schreibt: »So sagt Gott schon in der Heiligen Schrift zu Abraham: ›Ich habe dich zum Stammvater vieler Völker bestimmt!‹ Ja, in Gottes Augen ist er das, denn Abraham vertraute dem Gott, der die Toten lebendig macht und der aus dem Nichts ins Leben ruft« (Römer 4,17; HFA).

Gott macht die Toten lebendig und er ruft aus dem Nichts Lebendiges hervor. Er ist der Schöpfer aller Dinge und er agiert und redet in absoluter Vollmacht. Es ist entscheidend, dass wir wissen, *an wen* wir glauben, *auf wen* wir unser Vertrauen setzen. Nur so entfaltet unser Glaube seine Wirkkraft.

Was bedeutet das für uns heute?

Es heißt, dass wir durch Jesus Christus in uns genauso Dinge ins Leben rufen können. Nicht wir erschaffen Dinge, sondern wir sprechen in dem Glauben an den Schöpfer aller Dinge und den, der Vollmacht über Leben und Tod hat. Sprich also im Glauben das aus, was Gottes Wort verheißt. Mach dich eins mit dem, was Gott sagt, was ist. Sprich mit ihm das, was noch nicht ist, als wenn es da wäre.

Wenn du morgens aufstehst, dann sprich im Glauben:

Danke, Jesus.
Ich und mein Haus werden dem Herrn dienen.
Meine Kinder sind ein Geschenk und sie werden auf deinen Wegen gehen. Sie werden deine Worte verkündigen.
Danke für meine Arbeitsstelle. Was immer ich tue, ich arbeite für dich und nicht für die Menschen.
Du versorgst mich mit allem, was ich brauche, und noch weit darüber hinaus. Ich muss mir keine Sorgen machen.
Du beschenkst mich überreich.
Mein Körper ist geheilt durch die Striemen Jesu und die Verdammnis ist weg.
Jede Angst ist weg, im Namen des Herrn, denn die vollkommene Liebe vertreibt jede Furcht.

An einer Stelle lehrt Jesus seine Jünger darüber, welche Kraft darin liegt, zu Bergen im Glauben zu sprechen. Er sagt:

»Habt Glauben an Gott! Wahrlich, ich sage euch: Wer zu diesem Berg sagen wird: ›Hebe dich empor und wirf dich ins Meer!‹,

und nicht zweifeln wird in seinem Herzen, sondern glauben, dass geschieht, was er sagt, dem wird es werden. Darum sage ich euch: Alles, um was ihr auch betet und bittet, glaubt, dass ihr es empfangen habt, und es wird euch werden.«
Markus 11,22-24

Jesus sagt hier: »Sprich zu diesem Berg.« Er sagt nicht: »Weine über diesen Berg.« Oder: »Mach dir Sorgen über diesen Berg.« Oder: »Rede mit anderen Menschen über diesen Berg.« Sondern er sagt: »Sprich zu dem Berg und zweifle nicht in deinem Herzen und glaube, dass geschieht, was du sagst. Und es wird dir werden!«

DAS GEBET EINES GLÄUBIGEN IM NEUEN BUND IST EIN GEBET DES GLAUBENS.

Das Gebet eines Gläubigen im Neuen Bund ist ein Gebet des Glaubens. Wenn er betet, glaubt er, dass er schon empfangen hat.

Fang an, zu den Bergen in deinem Leben im Glauben an Gott zu sprechen: »Berg der Depression, erhebe dich und wirf dich ins Meer!« »Berg des Mobbings, erhebe dich und wirf dich ins Meer.« »Berg der Krankheit, erhebe dich und wirf dich ins Meer.«

Wir sind berufen, die Berge unseres Lebens zu verschieben! Verschiebe die Berge in deiner Gemeinde, in deiner Familie und an deinem Arbeitsplatz. Verschiebe die Berge der Krankheit in deinem Körper.

Ein Mann aus der antiken Stadt Lystra, der das verstanden hatte, war von Geburt an krank. Er lebte in der Zeit, als Paulus unterwegs war und das Königreich Gottes außerhalb von Israel predigte, und hatte diesen Glauben des Neuen Bundes. Von ihm lesen wir in der Apostelgeschichte.[6]

Dieser Mann war lahm von Geburt an. Er war noch nie zuvor gelaufen. Und dann kommt Paulus und predigt. Das Erste, was der Gelähmte richtig macht, ist, dass er dem Richtigen zuhört. Er schaut Paulus an, hört die Predigt, der Glaube fällt ihm ins Herz hinein und das hinterlässt sofort Spuren: Sein Gesicht verändert sich. Paulus erkennt das, als er ihn ansieht: Dieser Lahme glaubt! Er glaubt, dass Jesus heute noch heilt! Dass er *ihn* heilt.

Paulus blickt ihn fest an. Er sieht, dass der Lahme Glauben hat, geheilt zu werden, und spricht zu ihm: »Steh auf.« Und der Lahme steht auf und läuft.

Ich wünsche dir von Herzen, dass man in deinen Augen sieht, dass du Glauben hast. Dass du den Glauben hast, dass in deinem Leben alles möglich ist. Der Schlüssel zur Heilung, den der Lahme aus Lystra einsetzte, war sein Glauben daran, geheilt zu werden.

Sei also kein Mensch, der Trübsal bläst. Sei kein Mensch, der nur nörgelt und sich über alle möglichen Dinge beschwert. Sondern sei ein Mensch, der Glauben hat. Du sollst im Himmel bekannt sein für deinen Glauben. Glaube dem Wort Gottes und du sollst erleben, was du geglaubt hast!

> Denn alles, was aus Gott geboren ist, überwindet die Welt; und dies ist der Sieg, der die Welt überwunden hat: unser Glaube.
> *1. Johannes 5,4*

Wenn du nun aus Gott geboren bist, dann gilt diese Wahrheit: Du überwindest die Welt. Nicht die Welt überwindet dich, sondern du überwindest die Welt! Du hast den Schlüssel. Es ist dein Glaube an Gott.

Dein Herz des Glaubens aus Hebräer 11

Was der Glaube an Gott bewirkt, können wir in Hebräer 11 sehr gut sehen. Verinnerliche dir diese Wahrheiten.

- Glaube empfängt ein gutes Zeugnis.
- Glaube versteht die schöpferische Macht von Gottes Wortes.
- Glaube gibt Gott das Erste und das Beste.
- Glaube trachtet danach, Gott in allem wohlgefällig zu sein.
- Glaube rechnet damit, dass Gott aufrichtiges Gebet erhört.
- Glaube nimmt Gottes Warnungen ernst.
- Glaube gehorcht Gott, ohne zu hinterfragen.
- Glaube handelt, um neues Land einzunehmen.
- Glaube lebt mit der Ewigkeit im Blick.
- Glaube schaut nur auf Gott und lacht über Unmöglichkeiten.
- Glaube bekennt: »Diese Welt ist nicht mein Zuhause. Ich bin nur ein Fremdling.«
- Glaube sehnt sich nach dem Himmel.
- Glaube weicht nicht zurück.
- Glaube ist bereit, jeden erhaltenen Segen an Gott zurückzugeben.
- Glaube rechnet mit der Auferstehungsmacht Gottes.
- Glaube prophezeit für zukünftige Generationen.
- Glaube fürchtet keine Bedrohungen, sondern verlässt sich allein auf Gottes Schutz.
- Glaube ist nicht an den weltlichen Status gebunden.
- Glaube sagt Nein zur Sünde.
- Glaube identifiziert sich freiwillig mit dem Leiden des Volkes Gottes.
- Glaube dient nicht dem Mammon.

- Glaube handelt aufgrund göttlicher Vision und ohne Furcht vor irgendeiner weltlichen Macht.
- Glaube findet Zuflucht und Leben im Blut von Jesus Christus, dem Lamm Gottes.
- Glaube versucht das Unmögliche.
- Glaube gibt nicht auf.
- Glaube schließt sich lieber der scheinbar schwächeren Seite an, solange es die Seite Gottes ist.
- Glaube demonstriert Gerechtigkeit.
- Glaube erwartet Großes von Gott und versucht Großes für ihn.
- Glaube geht keine Kompromisse ein trotz Enge, Bedrängnis oder Tod.
- Glaube ignoriert Spott.

6

Wahre Größe im Reich Gottes

MARIA PREAN

Wer ist die Quelle deines Lebens?

Wenn du Jesus dein Herz geschenkt hast, beginnt deine Liebesbeziehung zum himmlischen Vater als seine Tochter oder sein Sohn! Meine Lieben – ist es nicht wunderbar zu erleben, wie Gott die Quelle unseres Lebens wird?

Schon mit sieben Jahren erlebte ich die Gnade, zu erkennen, dass Jesus der Sohn Gottes ist. Ich wusste, dass er für mich gestorben ist und dass ich ihn brauche. Deshalb habe ich mein Leben Jesus gegeben. Ich habe ihn eingeladen, in mein Leben zu kommen und mich von innen her zu verändern. Woher weißt du, dass du die Liebe Gottes in deinem Herzen hast? Daran, dass du Friede, Freude, Sicherheit, Geborgenheit und Erfüllung nur bei Jesus findest. Kein anderer kann dir geben, was er dir gibt. Wenn wir ihn aufnehmen, wird er zu unserem Schatz und zur einzigen Quelle für alles – einfach alles – in unserem Leben, stimmts?

Unser Papa im Himmel wartet auf dich und mich – mit ausgebreiteten, offenen Armen – jeden Tag wieder neu. Und er antwortet mit einem innigen Ja auf die Hingabe von seinen Kindern an seinen Sohn Jesus Christus.

Weißt du, Gott wacht mit heiliger Eifersucht darüber, dass sich unser Herz an nichts mehr hängt als nur an ihn. Mit Eifer wird er alles in unserem Leben aufdecken, was sich zwischen ihn und uns drängen will. Er tut das, damit es aus unserer Beziehung zu ihm entfernt werden kann.

Gott selbst ist zu unserer Lebensquelle geworden. Sein Wort wurde zum Licht auf unserem Weg. Und alles, was unsere Liebe zu Jesus und zu seinem Reich jetzt noch beeinträchtigt, wird unseren Lebensstrom schmälern, eindämmen und am Ende völlig zum Versiegen bringen. Es wird uns die Sicht auf Jesus erschweren, behindern und womöglich ganz nehmen. So kann es geschehen, dass sich inmitten von dem, was wir besitzen und aufbauen, eine Finsternis ausbreitet, die Schritt für Schritt unser blühendes Leben in Öde und Leere umwandelt.

ICH WERDE VON »ZUFÄLLEN« OFT FAST ERSCHLAGEN – MIR FÄLLT ALLES ZU!

Darum ist es so wichtig, dass wir uns die Warnungen und Hinweise aus dem Wort Gottes zu Herzen nehmen. Diese hier zum Beispiel:

> Trachtet aber zuerst nach dem Reich Gottes und nach seiner Gerechtigkeit! Und dies alles wird euch hinzugefügt werden.
> *Matthäus 6,33*

Es geht um völlige, ausnahmslose und innige Hingabe an Gott. Ich kann dir gar nicht sagen, wie sehr der Heilige Geist in einem

Leben, das in voller Hingabe an unseren Papa im Himmel gelebt wird, durch Jesus Christus wirkt.

Ich werde von solchen Reich-Gottes-»Zufällen« oft fast erschlagen – mir fällt alles zu! Aber ich muss meine Augen permanent auf Jesus richten, auf ihn schauen, ihm vertrauen, ihm glauben und auf ihn hören und dann auch das tun, was er sagt. Wenn wir uns von Gott entfernen oder sogar ohne Gott leben wollen, dann verödet unser Leben.

In den Evangelien wird uns von Johannes dem Täufer berichtet. Sein ganzes Streben, sein ganzes Leben war auf die Ankündigung von Jesus ausgerichtet. Es heißt im Lukasevangelium, dass es keinen größeren Propheten als Johannes den Täufer gab. Und im Matthäusevangelium wird gesagt, dass kein Mensch größer war als er. Was machte Johannes in Gottes Augen so groß?

Meine Lieben, es ist das, worauf Johannes seinen Blick gerichtet hat. Johannes schaute nicht auf sich selbst, sondern wies in allem, was er getan und geredet hat, immer auf Jesus hin.

Als die Pharisäer aus Jerusalem Männer sandten, um ihn zu prüfen, lehnte Johannes es beharrlich ab, über sich selbst zu reden. Er sprach immer nur von dem Großen, der nach ihm kommen würde. Johannes kündigte den Christus an und lenkte jede Aufmerksamkeit auf ihn. Als sie nicht lockerließen, bezeichnete er sich selbst lediglich als die »Stimme eines Rufenden in der Wüste«. Er machte damit den Blick frei auf Jesus, den Meister. Johannes wollte nicht, dass die Leute auf ihn schauten, sondern war einfach glücklich darüber, dass sie Jesus erkannten und er selbst beiseitetreten konnte.

Jesus ist das wahre Licht, das alle Menschen erleuchtet. Und denen, die ihn aufnehmen, gibt er Macht, Gottes Kinder zu werden, denen, die an seinen Namen glauben (Johannes 1,9-24).

Wo suchst du deine Sicherheit?

Auf unserer Lebensreise zum Vaterhaus kehren wir zur Lebensquelle zurück. Es dreht sich letztlich alles darum, was Gott durch sein Wort des Lebens entstehen lässt. Deshalb ist das Licht der Welt, Jesus, in unsere Öde und Finsternis hineingekommen, um uns den wartenden Vater zu offenbaren. Stell dir das einmal vor! Gott, unser Papa im Himmel, wartet auf dich und auf mich. Und unser Herr Jesus ist für uns am Kreuz gestorben und hat so den Weg zurück ins Vaterhaus geöffnet. Halleluja! Dorthin kommen wir auf dem Weg der Umkehr, der Vergebung und Erlösung. Nur wer auf die Erlösung Gottes setzt, auf das vollendete Werk, das Jesus am Kreuz vollbracht hat, wird das wahre Leben ernten.

Ist das der Weg, der dir Sicherheit gibt in deinem Leben?

Wo suchen die meisten Menschen ihre Sicherheit und ihren Wert? Wenn ich in die Welt schaue, dann hängen die Sicherheit und der Wert von vielen Leuten von dem ab, was sie besitzen oder eben nicht besitzen. Von dem, was sie wissen oder nicht wissen. Von dem, was sie können oder nicht können. Zu wem sie gehören oder nicht gehören. Das sind alles sehr wackelige Fundamente. Und es ist ein Trugschluss zu denken, dass hier wahre Größe auf uns warten könnte!

Was sagt das Wort Gottes?

> Niemand kann zwei Herren dienen; denn entweder wird er den einen hassen und den anderen lieben, oder er wird einem anhängen und den anderen verachten. Ihr könnt nicht Gott dienen und dem Mammon.
> *Matthäus 6,24*

Mammon ist ein Ausdruck für Habgier und Geiz. Wenn wir unser Vertrauen auf unseren Besitz, unser Wissen oder unsere Fähigkeiten setzen, dann bauen wir auf ein wackeliges Fundament, denn das alles kann uns jederzeit genommen werden. Vor allem aber leben wir an dem vorbei, was sich Gott für uns wünscht. Doch es gibt einen besseren Weg und ein Fundament, das wirklich sicher ist:

> Seid nicht besorgt für euer Leben, was ihr essen und was ihr trinken sollt, noch für euren Leib, was ihr anziehen sollt!
> Ist nicht das Leben mehr als die Speise und der Leib mehr als die Kleidung?
> Seht hin auf die Vögel des Himmels, dass sie weder säen noch ernten noch in Scheunen sammeln, und euer himmlischer Vater ernährt sie doch. Seid ihr nicht viel wertvoller als sie?
> Wer aber unter euch kann mit Sorgen seiner Lebenslänge eine Elle zusetzen? Und warum seid ihr um Kleidung besorgt?
> Betrachtet die Lilien des Feldes, wie sie wachsen; sie mühen sich nicht, auch spinnen sie nicht. Ich sage euch aber, dass selbst nicht Salomo in all seiner Herrlichkeit bekleidet war wie eine von diesen. Wenn aber Gott das Gras des Feldes, das heute steht und morgen in den Ofen geworfen wird, so kleidet, wird er das nicht viel mehr euch tun, ihr Kleingläubigen?
> So seid nun nicht besorgt, indem ihr sagt: Was sollen wir essen? Oder: Was sollen wir trinken? Oder: Was sollen wir anziehen? Denn nach diesem allen trachten die Nationen; denn euer himmlischer Vater weiß, dass ihr dies alles benötigt.
> Trachtet aber zuerst nach dem Reich Gottes und nach seiner Gerechtigkeit! Und dies alles wird euch hinzugefügt werden.
> *Matthäus 6,25-33*

Achte einmal mit mir besonders auf den letzten Vers! Lasst uns den Heiligen Geist jetzt gerade bitten, dass er ihn uns ins Herz schreibt!

Wenn du danach lebst, wirst du sehen, dass sich eine Veränderung einstellt. Ich kann es nicht oft genug wiederholen:

Zuerst das Reich Gottes, dann kommt der göttliche »Zu-Fall«! Zuerst das Reich Gottes, dann Gottes »Zu-Fall«! Zuerst das Reich Gottes ...

Es geht darum, dass du ein ganz neues Fundament in dein Leben einbaust – ein Fundament, das wirklich sicher ist, weil es durch nichts erschüttert werden kann! Dieses Fundament findest du einzig und allein in unserem Herrn Jesus, und zwar durch Glauben.

Wir lernen alles von Jesus

Wenn wir wissen wollen, was im Reich Gottes wahre Größe ist, dann müssen wir auf Jesus schauen. Er lässt uns nicht im Ungewissen darüber, wie wir ins Reich seines Vaters hineinkommen und wie wir darin leben. Er will, dass es uns gut geht. Er hat alles dafür getan, dass wir Ruhe finden und unsere Lasten loslassen können. Er ruft uns, damit wir gerade dann zu ihm gehen, wenn wir diesen ganzen Ballast noch mit uns herumschleppen. Jesus ruft uns, indem er sagt:

> Kommt her zu mir, alle ihr Mühseligen und Beladenen! Und ich werde euch Ruhe geben. Nehmt auf euch mein Joch, und lernt von mir! Denn ich bin sanftmütig und von Herzen demütig, und ihr werdet Ruhe finden für eure Seelen; denn mein Joch ist sanft, und meine Last ist leicht.
> *Matthäus 11,28-30*

*Gott will nicht,
dass wir den Segen zu
unserer Priorität machen.
Gott steht an erster Stelle –
nicht der Segen!*

Maria Prean

Trägst du deine Lasten noch selbst? Warum? Kann es sein, dass du dich um dein Leben sorgst, den Kampf um einen wunderbaren Platz an der Sonne kämpfst, Ängste vor der Ungewissheit und vor der lebensfeindlichen Umwelt hast?

GIB DOCH DIE VERANTWORTUNG FÜR ALLES – WIRKLICH FÜR ALLES – AN JESUS AB!

Was sagt uns Jesus hier über das Lastentragen? Gib doch die Verantwortung für alles – wirklich für alles – an Jesus ab. Denn diese Verantwortung ist ein schweres Joch für uns, das wir mühselig schleppen. Aber Jesus will die Verantwortung für unser Leben übernehmen. Wir finden Ruhe, wenn wir unser Leben nicht mehr selbst bestimmen wollen, sondern *alles* Gott überlassen.

Deshalb sollen wir von Jesus lernen. Lernen von seinem Wesen, von dem, wie er ist. Lernen von ihm, was uns zur Ruhe bringt und was uns entlastet. Unser Herr möchte nicht, dass wir gestresst durchs Leben rennen, sondern in seine Ruhe kommen. Wir müssen uns nicht abmühen und umhertreiben lassen, sondern dürfen alle Sorgen auf ihn werfen.

Als ich den Herrn gefragt habe, was das eigentliche Problem von uns Lastenträger-Menschen ist, hat er zu mir gesagt: »Maria, wenn du dir Sorgen machst, heißt das eigentlich, dass du deinem Papa nicht vertraust und dass du mir nicht vertraust!« Ich habe gefragt: »Wieso?« – »Glaubst du, dass der Vater in dieser Situation das Richtige zu tun weiß? Wenn du meinst, etwas selbst in die Hand nehmen zu müssen, ist das reiner Stolz. Dabei ist der Weg so einfach: Komm doch einfach zu mir, mit allem, was dir anvertraut ist – ich führe dich!«

Ist das nicht wunderbar, meine Lieben? Wir dürfen unsere eigene Lebensstrategie ablegen und von Jesus, unserem Herrn und Meister, Neues lernen. Wir sollen von *seinem* Verhalten beeindruckt werden. Er ist sanftmütig und von Herzen demütig.

Was ist Demut?

Für uns bedeutet Demut eigentlich ganz einfach, dass wir die Realität von Jesus anerkennen:

> Es ist dir gesagt, Mensch, was gut ist und was der Herr von dir fordert: nichts als Gottes Wort halten und Liebe üben und demütig sein vor deinem Gott.
> *Micha 6,8; LUT*

Viele Menschen verbinden mit dem Wort »Demut« etwas Unfreiwilliges, Unangenehmes und etwas, das Mühe macht. Aber Demut ist eben *nicht* Tiefstapelei oder falsche Bescheidenheit. Du bist nicht demütig, wenn du mit einem Hänge-Kopf herumtigerst.

DEMUT HEISST: ICH WEISS, WER ICH BIN UND WER GOTT IST.

Demut, die Jesus vorlebt, heißt: Ich weiß, wer *ich* bin und wer *Gott* ist. Es bedeutet, zu erfassen, wie die wahren Verhältnisse zwischen mir, meinem Nächsten und Gott aussehen. Demut heißt: Ich weiß, dass ich nichts aus mir selbst tun kann, weil alles, was ich habe, eine Gabe von Gott ist! Meine Möglichkeiten, meine Gaben, meine Persönlichkeit, meine Lebenssituation, das alles sind Geschenke.

Demut hat ganz viel mit Vertrauen zu tun. Ein demütiger Mensch glaubt einfach, dass Gott es bedingungslos gut mit ihm meint und alles unter Kontrolle hat. Viele Menschen wollen Gott sagen, was er tun soll. Ihr Stolz will die Kontrolle behalten. Demut hingegen bewirkt, dass wir unser Bestes geben, um die uns gestellte Aufgabe zu erledigen, und den Rest einfach voller Vertrauen Gott überlassen.

Demut entspricht nicht der menschlichen Natur. Aber der Heilige Geist bewirkt das Wollen und setzt diese Eigenschaften in uns frei. Aus Demut entstehen Zufriedenheit, Ruhe und Zuversicht. Ein demütiger Mensch weiß, dass es der himmlische Vater ist, der am Ende alle Umstände in der Hand hält, und vertraut lieber Gott als sich selbst. Demut glaubt, hofft und wartet auf Gott. Und Gott greift nur zu gern ein, denn er liebt uns so sehr.

Demut bedeutet, das zu glauben, was Jesus sagt: »Bleibt in mir und ich in euch. Wie die Rebe keine Frucht bringen kann aus sich selbst, wenn sie nicht am Weinstock bleibt, so auch ihr nicht, wenn ihr nicht an mir bleibt« (Johannes 15,4; LUT). Wir können nichts aus uns selbst heraus tun. Das zu wissen, wird uns demütig machen.

Demut heißt nicht, sich selbst klein zu machen, sondern Gott groß zu machen. Das ist das ganze Geheimnis! Gott ist so unglaublich, so wunderbar und herrlich. Er ist so groß. Und es ist reine Gnade, dass Gott durch mich arbeitet.

Demütige Menschen verlassen sich hundertprozentig auf die Kraft Gottes. Sie erheben sich nicht über andere Menschen, die schwächer oder sündhafter sind. Sie wissen, dass ihre ganze Kraft aus Gott kommt, und wollen ihn groß machen. Das eigene Ego wird automatisch immer kleiner, wenn Gott größer wird.

Meine Lieben, wenn das Ego nicht mehr hochgehalten wird, haben wir es auch leichter im Umgang mit unserer Familie, den Geschwistern in der Gemeinde und den Nachbarn – stimmts? Da wir die anderen dann mit den Augen Gottes sehen, können wir sie höher schätzen als uns selbst. Das wiederum macht Gott groß, und er beschenkt uns mit seiner Gnade:

> Alle aber umkleidet euch mit Demut im Umgang miteinander! Denn Gott widersteht den Hochmütigen, den Demütigen aber gibt er Gnade.
>
> *1. Petrus 5,5*

Ja, der Herr schenkt den Demütigen Gnade. Was bedeutet das für uns? Gnade ist die unverdiente Zuwendung Gottes unabhängig von jedem Verdienst:

> Denn das Gesetz wurde durch Mose gegeben; die Gnade und die Wahrheit ist durch Jesus Christus geworden.
> *Johannes 1,17*

Durch Jesus hat Gott die Beziehung zu uns aufgenommen. Durch ihn ist er in unser Leben getreten. Im gleichen Kapitel heißt es aber auch: »Er kam in sein Eigentum; und die Seinen nahmen ihn nicht auf« (Vers 11; LUT). Es liegt an uns, ob wir ihm folgen oder nicht.

Ich verrate euch ein Geheimnis über die wahre Größe im Reich Gottes: Es geht um die drei wunderbaren Reich-Gottes-Prinzipien, die aus einem Haufen Egoisten den Leib Christi formen. Wollt ihr sie hören? Das sind Demut und Sanftmut und Geduld!

Diese drei sind auch das Geheimnis, wie dein und mein Leben zur Ruhe kommen – es ist der Weg, den Jesus uns vorausgegangen ist. Es liegt eine große Verheißung darauf, wenn Christen in Demut und Sanftmut und Geduld miteinander umgehen. So wird Gottes Gegenwart spürbar, weil Gott bei demütigen Menschen wohnt:

> Denn so spricht der Hohe und Erhabene, der in Ewigkeit wohnt und dessen Name der Heilige ist: In der Höhe und im Heiligen wohne ich und bei dem, der zerschlagenen und gebeugten Geistes ist, um zu beleben den Geist der Gebeugten und zu beleben das Herz der Zerschlagenen.
> *Jesaja 57,15*

Gott sorgt sich um uns

Das Gegenteil von Demut ist Stolz. Wer stolz ist, wird es im Königreich Gottes nicht weit bringen. Stolze werden sich immer an Jesus stoßen. Und zwar schon allein an der Tatsache, dass Jesus uns Erlösung anbietet und damit gleichzeitig unsere Erlösungsbedürftigkeit offenbart. Der Stolze gibt nicht viel Raum. Nur der Demütige erfährt die Zuwendung Gottes tatsächlich. Derjenige, der nicht nur von Gott weiß, sondern ihn mehr und mehr kennenlernen will, und der sich selbst nicht wichtig nimmt. Der stolze Mensch will Gott nur zu seinen eigenen Bedingungen begegnen. Er fordert ein und grenzt sich ab.

Wer sich aber Gott in Demut beugt, erlebt seine Zuwendung, seine Liebe und sein Herz. Wer das nicht will, wird verkümmern, weil er die einzige Quelle des Lebens verschmäht. Die Wahl liegt bei jedem von uns.

> Demütigt euch nun unter die mächtige Hand Gottes, damit er euch erhöhe zur rechten Zeit, indem ihr alle eure Sorge auf ihn werft! Denn er ist besorgt für euch.
> *1. Petrus 5,6-7*

Mein Papa ist für mich besorgt – niemand kann mir etwas wegnehmen, das er für mich bestimmt hat! Was man mir wegnimmt, ohne dass Gott interveniert, kann ich getrost loslassen, weil ich es sowieso nicht brauche. Warum sollte ich auf irgendetwas, das ich habe, stolz sein? Ich liebe es, dass ich so überreich mit allem, was ich habe, von Gott überhäuft wurde.

Vor etwa fünfzehn Jahren sagte Gott mir, ich soll eine Volksschule für 400 Kinder hier in Uganda bauen. Wir begannen also, diese Schule zu bauen, aber etwas hatte ich völlig vergessen: Ich hatte die Finanzierung der Inneneinrichtung völlig außen vor gelassen! Keinen Euro hatte ich dafür veranschlagt. »Lieber Gott! Das tut mir so leid«, betete ich. »Ich bin noch so unerfahren auf diesem Gebiet, das habe ich jetzt völlig vergessen. Was soll ich denn tun?« Wir hatten nur das Geld für den Bau – Mauern, Türen, Fenster und ein Dach. »Papa, bitte hilf mir!«

Schon in der Woche darauf wurden 80 000 € auf unser Konto überwiesen, mit dem Verwendungszweck »Möbel für die neue Schule«. Keiner wusste etwas von meiner Not zu diesem Zeitpunkt, außer Gott! Wie ihr euch vorstellen könnt, habe ich gejubelt und war außer mir vor Freude!

Auch heute erlebe ich jeden Tag, wie Gott uns versorgt. Das Werk ist mittlerweile so groß, dass wir jeden Monat sechs- bis achthunderttausend Euro benötigen, um es nur in Betrieb zu halten. Ohne dass ich Spendenaufrufe starten muss, kommt dieses Geld immer wieder zur rechten Zeit. Jedes Mal sage ich: »Papa, your will is your bill. – Das, was du willst, bezahlst du auch.« Bis heute haben wir keinen Euro Schulden, aber auch keinen Euro Rücklagen. Wir sind in allem immer wieder völlig abhängig von Gott.

Meine Lieben, ich bin die Geliebte meines Herrn! Ja, das bin ich! Ich weiß, dass Gott mich liebt. Und wisst ihr, was ich dadurch auch weiß? Dass mir rein gar nichts passieren kann, was für mich nicht gut wäre. Ich bezweifele Gottes Absichten nicht mehr. Ich frage nicht: »Liebt Gott mich wirklich? Meint er es tatsächlich ernst mit mir? Interessiert er sich für mich oder hat er mich vielleicht schon vergessen?« Wenn ich eine demütige Haltung habe und nicht stolz bin, dann stelle ich Gott schlicht nicht mehr infrage – und auch nicht, dass er mich erhöht zur rechten Zeit! Halleluja!

Jesus sagte ja: »Lernt von mir, denn ich bin von Herzen demütig. Und ihr werdet Ruhe finden für eure Seelen.« Das bedeutet: »Ich will euch lehren, wie der Vater ist, damit ihr endlich zur Ruhe kommt.« Ein Mensch, der Gottes Wesen tatsächlich zu erahnen beginnt, lässt sich bei ihm nieder und kommt in eine große Gelassenheit hinein. Das wirkt sich auch auf seine Beziehungen zu seinen Nächsten aus. Er wird ihnen viel mehr Freiraum lassen und ihnen mit Weite und Gelassenheit begegnen.

Das habe ich zum Beispiel vor einiger Zeit erlebt, als mein Sohn Patrick drei seiner Musiker-Freunde zu meiner Geburtstagsfeier eingeladen hat. Als sie kamen, umarmte ich alle drei Gäste zur Begrüßung. Es waren große Männer, so um die dreißig Jahre alt. Ich hatte sie vorher noch nie gesehen. Beim letzten hatte ich dann das Gefühl, ein verschüchtertes, kleines Kind zu umarmen. Total einsam und verlassen.

Ich erfuhr dann seine Geschichte: Dieser junge Mann hatte, seit er vier Jahre alt war, mit seinem etwas älteren Bruder auf der Straße gelebt. Siebzehn Jahren auf der Straße – er hatte viel erlebt und musste vieles durchmachen. Doch dann wendete sich das Blatt: Inzwischen ist er ein Sänger, der in ganz Afrika bekannt ist, und einer der beliebtesten Menschen in Uganda. Sein Name ist Eddy Kenzo. Er ist sehr gesegnet mit Weisheit, die er sicher nicht in seiner dreijährigen Schullaufbahn erwerben konnte. Immer wenn ich ihn sehe, denke ich: »From zero to hero. – Von einer Null zum Helden.«

Und damals an meiner Geburtstagsfeier hat er mich gefragt, ob ich auch für ihn Mama sein könnte. Es ist eine Freude und ein Vorrecht, dass ich diesen jungen Mann wie einen Sohn annehmen durfte, um ihm die Mutter zu sein, die er sich sein Leben lang gewünscht hat.

Aus der Gnade Gottes wurde er nie stolz, weil er immer versuchte, Gott zu ehren. Trotz seiner Popularität blieb er völlig auf dem Boden. Mittlerweile hat er Hunderten von Straßenkindern ermöglicht, zu wohnen, versorgt zu werden und zur Schule zu gehen. Diese Kinder werden jetzt in unsere Schulen und auch in der *Top-Talent-School*, die wir gemeinsam extra für die ärmsten Straßenkinder bauen, aufgenommen. Dort werden die Talentiertesten besonders in Sport, Musik und Kunst gefördert.

Eddy lebt in dieser Demut, von der uns die Bibel berichtet: Alle Versorgung kommt von unserem Papa im Himmel und Stolz auf eigene Leistungen hat keinen Platz in unserem Leben.

Reichtum und Ehre und Leben

Schon jahrelang ist Sprüche 22,4 wie ein Leitfaden in meinem Leben: »Die Folge der Demut und der Furcht des Herrn ist Reichtum und Ehre und Leben.«

Das sind Eigenschaften, die der Heilige Geist in uns freisetzen will. Demut heißt nicht, sich selbst klein zu machen, und Gottesfurcht heißt nicht, vor Gott zu zittern. Wir brauchen vor Gott keine Angst zu haben, so wie kein liebender Vater will, dass sein Kind Angst vor ihm hat. Ein liebender Vater möchte, dass sein Kind auf ihn hört und sich an seine Weisungen hält. Gottesfurcht bedeutet, dass wir Gott respektieren und seine Worte ernst nehmen. Dass wir seine Prinzipien erkennen und darin leben. Wir sollen ihn *Ehr*-fürchten, ohne uns vor ihm zu *Angst*-fürchten. Wir sollen ihm Anerkennung und Achtung entgegenbringen.

Gottesfurcht hat etwas damit zu tun, dass uns die Erhabenheit und die Größe Gottes bewusst ist. Wer in wahrer Gottesfurcht lebt, hat Hochachtung vor der Größe und Autorität Gottes. Die Erkenntnis der Heiligkeit Gottes erzeugt in uns den Wunsch, ein Leben zu führen, das Gottes Willen und seine Ehre über alles stellt und seine völlige Zustimmung findet.

Deine Ermutigung aus dem Wort

Gottesfurcht …

… ist Gehorsam gegenüber dem Wort Gottes.

Du sollst dich fürchten vor deinem Gott. Ich bin der Herr.

3. Mose 19,32

… ist Weisheit.

Siehe, die Furcht des Herrn, sie ist Weisheit,
und vom Bösen weichen, das ist Einsicht.

Hiob 28,28

… lässt Gott auf dich schauen und hat Segen zur Folge.

Siehe, das Auge des Herrn ruht auf denen, die ihn fürchten,
die auf seine Gnade harren.

Psalm 33,18

… trennt vom Bösen.

Durch Güte und Treue wird Schuld gesühnt,
und durch die Furcht des Herrn weicht man vom Bösen.

Sprüche 16,6

… führt zur Vollendung der Heiligkeit.

Da wir nun diese Verheißungen haben, Geliebte, so wollen wir uns reinigen von jeder Befleckung des Fleisches und des Geistes und die Heiligkeit vollenden in der Furcht Gottes.

2. Korinther 7,1

Demut bedeutet, Gott groß zu machen, so wie Johannes der Täufer – ihm zu vertrauen und ihm zu glauben. Ein demütiger Mensch nimmt sich selbst nicht so wichtig. Er ist bereit, zu dienen, und erkennt die Allmacht Gottes in allen Bereichen an.

Wenn demütige Ehrfurcht vor Gott deine Priorität ist, wirst du Reichtum, Ehre und Leben empfangen. Ich spreche aus eigener Erfahrung, denn ich erlebe es ständig.

Einmal wurde ich zu einem Gebetsfrühstück in Kampala eingeladen. Das Thema war: »An ihren Früchten wird man sie erkennen«. Unter anderem sprach dort auch der Präsident von Uganda zu den Teilnehmern. Er fragte sehr provozierend: »80 Prozent der Einwohner Ugandas nennen sich Christen. Wo sind denn ihre Früchte? Woran kann man erkennen, dass ihr aktiv seid? Die ganze Nacht betet ihr und dann schlaft ihr den ganzen Tag. Die Bibel sagt aber: Arbeitet *und* betet!«

Dann schaute er sich um und fragte: »Wo ist diese Christin aus Mukono?« Das ist die Stadt, in der ich wohne. Ich schaute mich um, aber keiner stand auf. Und wie ich wieder zur Bühne sah, deutete der Präsident auf mich und forderte mich auf, nach vorne zu kommen. Dann erklärte er den Anwesenden: »Wo diese Mama Maria ist, da sieht man Früchte! Da gehen die Kinder zur Schule, da arbeiten die Leute, da bauen sie Häuser, da bestellen sie ihre Felder, da hören sie auf zu betteln. An diesen Orten wird Gott angebetet und selbst ganz unterschiedliche Stämme können in Frieden und Liebe nebeneinander leben. Das ist es – das möchte ich bei euch sehen!«

Dann forderte er mich auf, von meiner Arbeit zu erzählen. Ich zitterte wie Espenlaub. In diesem Moment dachte ich daran, dass mich einmal jemand fragte, ob man mich bei einer Christenverfolgung als Christ erkennen könnte. Damals war ich etwa zwanzig Jahre alt gewesen und ich musste diese Frage verneinen. Aber ich bat Gott, dass sich das ändern sollte. Mein Gebet wurde an diesem Tag in Kampala erhört: Über 600 Menschen hörten zu und Fernseh- und Radiostationen und Zeitungen von fast 60 Nationen übertrugen meinen Bericht über das Wirken Gottes. Was sahen sie? Wie der Präsident von Uganda mich als »die Frau, die man an ihren Früchten erkennt« ehrte.

Gott möchte einfach nur von uns, dass wir ihn ernst nehmen und *ihn* groß machen. Der Rest ist dann seine Sache. Schaut doch noch mal hier:

> Ich ermahne euch nun, ich, der Gefangene im Herrn: Wandelt würdig der Berufung, mit der ihr berufen worden seid, mit aller Demut und Sanftmut, mit Langmut, einander in Liebe ertragend! Befleißigt euch, die Einheit des Geistes zu bewahren durch das Band des Friedens: Ein Leib und ein Geist, wie ihr auch berufen worden seid in einer Hoffnung eurer Berufung!
> *Epheser 4,1-4*

Halleluja!

Größe im Reich Gottes

Wer sind nun die Größten im Reich Gottes? Die Größten sind die, die in Demut und in der Gottesfurcht leben, also Gott als ihre Autorität respektieren. Zu wissen, dass Gott uns in diese Welt gestellt hat, um seinen Namen groß zu machen, um ein Segen für die Mitmenschen zu sein, das wird einen Frieden und eine Freude in dein Herz bringen, die die Welt nicht geben und nicht nehmen kann!

DIE GRÖSSTEN IM REICH GOTTES SIND DIE, DIE IN DEMUT UND IN DER GOTTESFURCHT LEBEN!

»Die Großen sind diejenigen, die, je mehr sie von Gott erkennen, umso mehr erkennen, wie wenig sie Gott kennen«, so hat es mal ein Evangelist gesagt, den ich getroffen habe.

Deshalb ist jemand auch dann am größten, wenn er vor Gott auf die Knie geht. Wer vor Gott kniet, kann vor den Menschen stehen.

Die Frage, wer der Größte im Reich Gottes ist, wurde Jesus mehrfach gestellt. Seine Antwort ist der Maßstab, nach dem wir uns richten wollen:

> Wahrlich, ich sage euch, wenn ihr nicht umkehrt und werdet wie die Kinder, so werdet ihr keinesfalls in das Reich der Himmel hineinkommen. Darum, wenn jemand sich selbst erniedrigen wird wie dieses Kind, der ist der Größte im Reich der Himmel.
> *Matthäus 18,3-4*

Jesus selbst war der Größte, stimmt ihr mir da zu? Er hat sich selbst erniedrigt und ist als Gottessohn so geworden wie wir – ein Mensch. Er, der König des Himmels! Es gibt niemand, der so ist wie unser Herr Jesus! Halleluja!

Dort, wo er herkam, hatte er alles. Er war der Sohn Gottes. Alle Anbetung gebührte ihm. Und all das ließ er zurück, um Mensch zu werden. Er wurde als kleines, schutzbedürftiges Baby geboren. Später wuchs Jesus heran und nahm zu an Weisheit und Alter und Gunst bei Gott und den Menschen (Lukas 2,52). Sein ganzes Sein war von Demut gekennzeichnet.

Jesus weist darauf hin, dass man erst gar nicht in das Reich der Himmel hineinkommt, wenn man nicht wird wie ein Kind. So wie er Kind wurde, um auf die Erde zu kommen, müssen auch wir werden wie ein Kind. Sieh dich selbst nicht als den Großen, der es schließlich durch sein fantastisches Verhalten verdient hat, dass er einen Platz im Himmel bekommt. Sitzt ein Kind am Tisch der Familie, weil es sich das verdient hat? Natürlich nicht, es sitzt dort, weil es das Kind seiner Eltern ist. Genauso haben wir uns bei Gott nichts verdient. Aber wir dürfen dankbar wie ein Kind zu unserem Papa im Himmel kommen, uns an seiner Gnade und Barmherzigkeit freuen und mit dieser Haltung auch den Menschen um uns herum begegnen.

Ein anderes Mal antwortete Jesus seinen Jüngern auf eine Frage, die sich um Größe und Ehre drehte, Folgendes:

> Jesus aber rief sie heran und sprach: Ihr wisst, dass die Regenten der Nationen sie beherrschen und die Großen Gewalt gegen sie üben. Unter euch wird es nicht so sein; sondern wenn jemand unter euch groß werden will, wird er euer Diener sein, und wenn jemand unter euch der Erste sein will, wird er euer Sklave sein; so wie der Sohn des Menschen nicht gekommen ist, um bedient zu werden, sondern um zu dienen und sein Leben zu geben als Lösegeld für viele.
> *Matthäus 20,25-28*

Wenn du also groß werden willst im Reich Gottes – was durchaus kein schlechter Wunsch ist –, sei bereit zu dienen. Sei bereit, alles zu geben. Diene anderen. Sei für die Menschen da, die Gott dir in dein Leben schickt. Das ist das Geheimnis im Reich Gottes.

Ein wahrer Sohn

Ich habe einmal eine sehr schöne Geschichte gelesen, von der ich leider nicht mehr weiß, wer sie geschrieben hat. Sie zeigt, worauf es bei Gott ankommt:

Ein alter Mann hörte drei Frauen an einem Brunnen zu, die über ihre Söhne sprachen. Die eine Frau schwärmte: »Mein Sohn ist überaus geschickt und hat eine besondere Gabe, sich zu bewegen.« Die zweite sagte: »Mein Sohn hat eine wunderbare Stimme. Er singt wie eine Nachtigall.« Die dritte Frau lauschte den Erzählungen, schwieg aber. Als die anderen sie nun drängten, antwortete sie: »Mein Sohn kann nichts Besonderes. Er ist ein ganz normaler Junge.«

Nachdem die Frauen ihre Eimer gefüllt hatten, gingen sie heim. Der alte Mann folgte ihnen ebenfalls zurück ins Dorf. Die Eimer wurden schwer und die Frauen legten mit schmerzenden Rücken eine Pause ein. Da kamen ihnen drei Jungs entgegen. Der erste lief auf den Händen. Er schlug ein Rad nach dem anderen und rief: »Schaut, was ich kann!« Der zweite Junge begann zu singen. Andachtsvoll hörten ihm die Frauen und der alte Mann zu und ihnen kamen die Tränen, weil es so schön war. Während die beiden Jungen wieder ins Dorf liefen, ging der dritte zu seiner Mutter. Er legte kurz den Arm um sie und nahm ihr die schweren Eimer ab, um sie nach Hause zu tragen.

> DIE PRINZIPIEN VON GOTTES REICH HABEN NICHTS MIT DEN PRINZIPIEN DIESER WELT ZU TUN.

Auf dem Heimweg fragten die Frauen den alten Mann: »Und? Was sagst du zu unseren Söhnen?« Der alte Mann antwortete: »Wo sind eure Söhne? Ich sehe nur einen einzigen wahren Sohn.«

Diese Geschichte zeigt, dass die Prinzipien von Gottes Reich nichts mit den Prinzipien dieser Welt zu tun haben. Es geht nicht um Arbeit, Willendurchsetzen, Ellenbogeneinsetzen, besondere Fähigkeiten oder darum, wer das meiste Geld investieren oder verdienen kann.

Wer ist der Größte? Wer ist der Beste? Wer stellt alle anderen in den Schatten? Das sind Fragen, die tief in unser menschliches Herz hineinreichen. Es zählt, was man sich leisten kann, welche Ausbildung man hat, was man weiß oder kann, wessen Freund man ist und wie viel Einfluss man hat. Und weil das alles so wichtig ist, ist das Leben oft geprägt von Neid, Ärger, Streit und Konkurrenz.

Jesus wusste, dass diese Fragen nach der Stellung alle Menschen tief bewegen. Er wusste, dass das etwas ist, das in jedem Menschen steckt. Darum wies er die Fragen seiner Jünger nicht einfach zurück. Nein. Voller Liebe zeigte er ihnen, dass er sie ernst nahm. Er erklärte ihnen, wie sie diesen Wunsch, groß zu sein und etwas zu gelten, auf das richtige Ziel hinlenken können.

Der wirklich Große lebt seine Größe, indem er liebt und sein Leben verschenkt, und nicht auf der Bühne der Selbstdarstellung und der Bewunderung. Denn auch der Sohn Gottes ist nicht gekommen, um sich dienen zu lassen, sondern um zu dienen und sein Leben hinzugeben (vgl. Markus 10,45).

Wir dürfen uns wie in allem ein Beispiel an Jesus nehmen. Er kam, um unser aller Diener zu sein, auch wenn das für uns unfassbar ist. Das war sein Wesen und zeigt uns, dass dies der einzig wahre Weg ist. Er sagt es wieder und wieder: »Der Größte aber unter euch soll euer Diener sein. Wer sich aber selbst erhöhen wird, wird erniedrigt werden; und wer sich selbst erniedrigen wird, wird erhöht werden« (Matthäus 23,11-12).

Es geht nicht darum, erniedrigt zu werden, sondern darum, dass man in Demut lebt und sich selbst erniedrigt. Das hat etwas mit den Entscheidungen zu tun, die nur du allein treffen kannst. Die geistlichen Prinzipien sind unveränderbar: Der Größte ist nicht der, dem sich alle hingeben, sondern der, der sich selbst hingibt.

Pastor Daniel hat einmal erzählt, wie wichtig es ihm ist, besonders früh in die Gemeinden zu kommen, in denen er dient, denn dann trifft er dort die »Schlüssel-Leute«. Die Menschen, die mindestens schon eine Stunde vor dem Gottesdienst dort sind und alles vorbereiten. Eben die, die einen Schlüssel zu den Räumen haben. Die schauen, ob alles sauber ist, und eventuell noch schnell etwas reinigen. Den Hausmeister, der nach dem Rechten sieht, und die Techniker, die alles einstellen. Die Lobpreisband, die sich darauf vorbereitet, die Menschen in die Gegenwart Gottes zu führen. Die Kinderdienst-Mitarbeiter, die alles für die Kleinsten richten, damit auch sie die Frohe Botschaft hören können. Die Beter, die alles im Geist vorbereiten, damit der Prediger seinen Dienst tun kann. Das sind die wirklich Großen im Reich Gottes, die sich und ihre Zeit hingeben, um den anderen zu dienen. Diesen Menschen zu begegnen, ist etwas Besonderes.

Sei bereit, dich zu erniedrigen, und der Himmel wird dich erhöhen. Und wenn der Himmel dich erhöht, kann dich niemand hier auf Erden erniedrigen. Dann wirst du zu den wahrhaft Großen im Reich Gottes gehören.

Dein Gebet

Vater im Himmel,
ich bekenne, dass ich versucht habe dich, die Menschen
und mich selbst zu beeindrucken mit dem, was ich kann,
bin und habe. Ich habe versucht, damit Anerkennung
und Sicherheit zu finden. Ich bekenne dieses Verhalten
als Lüge und ich trete heute ein in die Wahrheit.
Vor dir gilt nur eine Gerechtigkeit,
und zwar die Gerechtigkeit deines Sohnes Jesus Christus.
Herr Jesus, ich empfange jetzt diese Gabe der Gerechtigkeit.
Ich empfange dich als meine Gerechtigkeit,
dich als den auferstandenen Herrn Jesus Christus.
Ich empfange dein Erlösungswerk
und ich empfange dich als mein Leben, meine Kraft,
meine Freude und meine Schönheit. Ich empfange jeden Tag
neu deine Vergebung und deine Gnade.
Ich empfange dich als meinen Versorger
und meinen besten Freund, meine Liebe und den Anfänger und
Vollender meines Glaubens. Durchdringe mich von Kopf bis Fuß
mit deinem Auferstehungsleben.
Heiliger Geist, durchforsche mich und zeige mir,
wo ich noch Masken und falsche Kleider trage,
damit ich sie am Kreuz ablegen kann. Du, Herr Jesus,
bist mein Leben und meine einzige Hoffnung auf Herrlichkeit.
Mein Körper ist dein Tempel.
Wohne du in mir und mache es dir gemütlich.
Mein Gott, ich liebe dich von Herzen.
Amen.

7

Der Heilige Geist

DANIEL EXLER

Wer ist dein bester Freund?

Ich wurde schon oft gefragt: »Daniel, wer ist dein bester Freund?« Die Antwort fällt mir nicht schwer: Der Heilige Geist ist mein bester Freund! Der Heilige Geist versteht mich immer. Er kennt mich genau. Bei ihm gibt es keine Missverständnisse und er ist immer da.

Seit ich mein Leben Jesus gegeben habe – das war mit ungefähr acht Jahren in einer Kinderstunde –, wirkt der Heilige Geist in vielfältiger Art und Weise in meinem Leben, und meine Beziehung zu ihm wird immer noch enger.

Damals als Kind wurde ich von Neuem geboren. In der Bibel erklärt Jesus das Geheimnis der Neugeburt im Geist Nikodemus, einem Mitglied des Hohen Rates der Juden:

> Wahrlich, wahrlich, ich sage dir: Wenn jemand nicht aus Wasser und Geist geboren wird, kann er nicht in das Reich Gottes hineingehen. Was aus dem Fleisch geboren ist, ist Fleisch, und was aus dem Geist geboren ist, ist Geist.

> Wundere dich nicht, dass ich dir sagte: Ihr müsst von Neuem geboren werden.
> *Johannes 3,5-7*

Nikodemus kam nachts zu Jesus, heimlich, weil es keiner der anderen Pharisäer mitbekommen sollte. Er hatte gesehen, welche Wunder Jesus tat, und war sich deswegen sicher, dass Jesus von Gott als Lehrer zu ihnen gesandt worden war.

Das Erste, was Jesus in diesem Gespräch zu Nikodemus sagt, ist, dass er neu geboren werden muss. Nikodemus fragt verständnislos, wie das denn geschehen könne. Er kann schließlich nicht als erwachsener Mensch in den Mutterleib zurückkehren, um noch einmal auf die Welt zu kommen. Selbstverständlich war das auch nicht das, was Jesus meinte. Er erklärt Nikodemus, dass man durch Wasser und durch Gottes Geist neu geboren wird und so in Gottes Reich kommen kann: »Ein Mensch kann immer nur menschliches Leben hervorbringen. Wer aber durch Gottes Geist geboren wird, bekommt neues Leben« (Johannes 3,6; HFA).

DER HEILIGE GEIST IST DIE GÖTTLICHE KRAFTQUELLE.

Die neue Geburt ist das Werk des Heiligen Geistes, der von dem Moment an in einem Menschen wohnt, in dem er sein Leben Jesus gibt. Es ist also unmöglich, Christ zu sein, ohne den Heiligen Geist zu »haben«. Das soll nun nicht bedeuten, dass wir den Heiligen Geist »besitzen«, denn das ist unmöglich. Gott selbst schenkt sich uns im Heiligen Geist. Er zeigt uns, dass wir jetzt sein Eigentum geworden sind.

Wir können keine Zeugen von Jesus Christus sein, wenn wir keine Beziehung mit dem Heiligen Geist führen, denn er ist die göttliche Kraftquelle. Wir können keine Jünger von Jesus sein, wenn der Heilige Geist nicht mit seiner Kraft in uns lebt. Jesus selbst fordert uns dazu auf, in dieser Kraftquelle zu leben, die er uns hinterlassen hat. Hast du diese Kraft schon einmal in deinem Leben gespürt?

Die Bibel berichtet uns auch von der Zeit, als Jesus bereits auferstanden war. Er hatte seinen Jüngern gesagt, Jerusalem nicht zu verlassen. Sie sollten so lange dort bleiben, bis in Erfüllung gegangen wäre, was Gott ihnen durch Jesus versprochen hatte: Sie würden mit dem Heiligen Geist getauft werden. Und durch die Kraft des Geistes sollten sie dann seine Zeugen sein – überall auf der Erde.

> Und als der Tag des Pfingstfestes erfüllt war, waren sie alle an einem Ort beisammen. Und plötzlich geschah aus dem Himmel ein Brausen, als führe ein gewaltiger Wind daher, und erfüllte das ganze Haus, wo sie saßen. Und es erschienen ihnen zerteilte Zungen wie von Feuer, und sie setzten sich auf jeden Einzelnen von ihnen. Und sie wurden alle mit Heiligem Geist erfüllt und fingen an, in anderen Sprachen zu reden, wie der Geist ihnen gab auszusprechen.
> *Apostelgeschichte 2,1-4*

Der Heilige Geist ist eine Person

Der Heilige Geist ist nicht irgendeine abstrakte Vorstellung oder Fantasie, sondern eine Person. Er möchte in dir wohnen und in dir und durch dich wirken. Obwohl er damals an Pfingsten wie ein Sturm durch das Haus fegte, ist er doch sanft, zurückhaltend und taktvoll. Er lebt in dir, aber du darfst entscheiden, wie viel Raum du ihm gibst. Er ist ein Gentleman und kommt niemals mit Gewalt. Er zwingt dich zu nichts. Wenn du ihn zurückweist, wartet er. Das kann ein Jahr dauern, fünf Jahre oder zehn. Aber ich verspreche dir: Irgendwann wird der Moment kommen, in dem eine

Sehnsucht in dir aufsteigt und du sagst: »Heiliger Geist, wirke du in meinem Leben.«

Obwohl der Heilige Geist eine Person ist, ist es möglich, mehr oder weniger Anteil an ihm zu haben. Wir wissen, dass Gott allgegenwärtig ist – und doch ist die Verheißung von Christus, dort anwesend zu sein, wo zwei oder drei in seinem Namen versammelt sind (Matthäus 18,20). Das ist noch mal eine ganz andere Dimension seiner göttlichen Gegenwart. Einerseits ist er allgegenwärtig, auch dort, wo man sein Wort mit Füßen tritt und Gewalt an der Tagesordnung ist. Und andererseits ist er »mitten unter uns«.

So ist es auch mit dem Heiligen Geist. Tatsächlich geht es nicht um »Haben oder nicht Haben«, wenn wir von Neuem geboren sind, sondern um den Raum, den er in unserem Leben einnehmen darf.

Hinter Wiedergeburt und Geistestaufe folgt kein Punkt, sondern ein Doppelpunkt. Nun gilt es, in der Kraft des Geistes zu leben und mit ihm zu rechnen.

WELCHEN RAUM DARF DER HEILIGE GEIST IN DEINEM LEBEN EINNEHMEN?

Der Heilige Geist kommt so, wie du es brauchst. Er kennt dich ganz genau. Vielleicht stehst du an einem Punkt in deinem Leben, wo du nicht weiterweißt. Es gibt Situationen, wo wir uns allein fühlen. Keiner ist da, der uns tröstet. Niemand hat Zeit für uns und es ist, als ob kein Mensch uns versteht. Aber da ist dieser eine, der in uns lebt. Er ist der beste Tröster und er versteht unser Innerstes. Er ist immer da und ich verspreche dir: Er ist nie zu beschäftigt. Der Heilige Geist kennt jedes Problem. Und das Wichtigste und Wunderbarste ist, dass er auch bereits die Lösung dazu kennt.

Nichts ist ihm fremd. Egal, ob es ums Kochen, Autofahren oder Wändestreichen geht. Ob du als Ingenieur arbeitest, als Ärztin oder an der Uni. Ob du die Straße fegst oder Regale einräumst. Er kennt sich auch mit Kindererziehung aus und damit, auf was du achten solltest, wenn du deine alten Eltern pflegst. Arbeite doch einmal mit ihm zusammen! Wenn du Fragen hast, wende dich an den Heiligen Geist. Er wartet nur darauf, in Aktion zu treten.

Der Spezialist auf jedem Gebiet

Ich möchte dir ein Beispiel aus meinem Leben erzählen. Ich habe lange in einem großen Steuerbüro gearbeitet. Ja richtig, ich bin Pastor *und* Steuerberater. Manchmal hatten wir in der Kanzlei ein schwieriges steuerliches Problem. Lange wurde vergeblich nach Lösungen gesucht und dann landete diese Angelegenheit auf meinem Tisch.

Also schaute ich mir das Ganze an und las und dachte nach, aber ich hatte auch keine Ahnung, was wir tun könnten. Wenn ich in der Mittagspause nach Hause fuhr, begann ich im Auto, in Sprachen zu beten. Der Heilige Geist kam und mein Inneres erbaute sich, wie es die Bibel sagt: »Ihr aber, Geliebte, erbaut euch auf eurem heiligsten Glauben, betet im Heiligen Geist« (Judas 1,20).

Indem wir von Gott geleitet in anderen Sprachen beten, erbauen wir uns selbst. Das hat eine ganz besondere Kraft und Auswirkung auf unser Leben. Während ich so in Zungen betete, wurden meine Gedanken neu sortiert und wieder auf Jesus fokussiert. Nach einem guten Essen kam ich zurück ins Büro und wälzte dasselbe Problem wie vor der Pause. Doch etwas war anders. Plötzlich führte der Heilige Geist meine Gedanken in eine bestimmte Richtung. Etwas, an das ich vorher überhaupt nicht gedacht hatte, kam mir in den Sinn, und da war sie, die Lösung!

Das ist meiner Erfahrung nach oft so. Meistens spricht der Heilige Geist nicht zu uns, indem er uns konkrete Anweisungen gibt, was genau wir in einem bestimmten Moment tun sollen. Stattdessen leitet er uns, ganz sanft. Er hilft uns, uns neu zu fokussieren. Er wartet auf den Moment, an dem wir uns ganz für ihn öffnen und ihn um diese Leitung bitten. Dann tritt er in Aktion. Der Heilige Geist gibt dir einen Gedanken oder er führt deine Hand. Er gibt dir die richtigen Worte und lenkt deine Blicke auf das, worum es geht.

Der Heilige Geist möchte dir von morgens bis abends helfen. Im Haushalt, in der Schule, an der Uni und bei der Arbeit. Er ist bei dir zu jeder Zeit, egal, was du tust. Wenn du keinen Ausweg weißt, kann der Heilige Geist dich leiten. Er ist der beste Beistand und Lehrer.

Wir haben so viel Druck. So eine Flut an Informationen strömt täglich auf uns ein. Wir brauchen eine beständige Quelle des Lebens und der Kraft. Und genau das ist der Heilige Geist. Er freut sich, wenn er uns helfen, uns unterstützen darf. Doch gerade weil so viel auf uns einströmt, müssen wir darauf achten, dass wir ihn nicht aus Unwissenheit, Stress oder Egoismus »wegdrücken«.

DER HEILIGE GEIST IST KEINE KOSMISCHE MACHT, ER IST EINE PERSON UND ER HAT GEFÜHLE.

Der Heilige Geist ist keine kosmische Macht, er ist eine Person und er hat Gefühle. Er liebt dich und er wünscht sich von ganzem Herzen, mit dir eine Kommunikation aufzubauen. Er will dich lehren, die richtigen Dinge zu denken, zu sagen und zu tun. Wenn du seine Stimme hörst, hörst du die Wahrheit, denn Gott selbst ist Wahrheit. Der Heilige Geist lehrt dich, die Stimme der Wahrheit von der Stimme der Welt zu unterscheiden.

Der Heilige Geist lebt in uns

Paulus fragt im 1. Korintherbrief: »Oder wisst ihr nicht, dass euer Leib ein Tempel des Heiligen Geistes in euch ist, den ihr von Gott habt, und dass ihr nicht euch selbst gehört?« (1. Korinther 6,19). Ich glaube tatsächlich, manche Christen sind sich dessen nicht bewusst. Wenn wir unser Leben Jesus gegeben haben und von Neuem geboren wurden, lebt der Heilige Geist in uns.

Eine Frau aus unserer Gemeinde gab einmal folgendes Zeugnis:

Vor über dreißig Jahren bekehrten sie und ihr Mann sich und sie schlossen sich einer Gemeinde an. Sie waren feurige junge Christen und ließen ihr altes Leben mit Partys, Alkohol und schlechter Gesellschaft hinter sich. Nur eins ließ sich nicht so leicht beenden: Sie rauchten beide seit vielen Jahren und eigentlich gehörte diese Angewohnheit auch irgendwie zu ihrem Leben. Die Familie rauchte, im Büro wurde geraucht, selbst in Restaurants war das damals noch völlig normal. Heutzutage undenkbar.

Ein paar Monate nach ihrer Bekehrung nahmen sie an einer Gemeindefreizeit teil. Es handelte sich um eine Flugreise auf eine Insel. Damals konnte man Zigaretten im Flugzeug billig, nämlich zollfrei, kaufen. Das Paar kaufte sich jeder eine Stange (etwa 8 Packungen) und sie nahmen die Zigaretten mit ins Hotel. Während der Freizeit erkannten sie durch Predigten und das Wirken des Heiligen Geistes die Notwendigkeit, sich taufen zu lassen. Und so wurde am vorletzten Tag am Hotel-Swimmingpool ein Taufgottesdienst gefeiert.

Der Pastor hielt eine Predigt über Römer 6,3: »Oder wisst ihr nicht, dass wir, so viele auf Christus Jesus getauft wurden, auf seinen Tod getauft worden sind?« Anschließend stiegen sie gemeinsam mit ihrem Pastor ins Wasser. Er fragte, ob sie an Jesus Christus glauben, daran, dass er für sie gestorben und wieder auferstanden ist und nun zur Rechten Gottes sitzt. Das konnten sie beide aus vollem Herzen bekennen, und der Pastor tauchte sie unter Wasser.

Als die junge Frau wieder auftauchte, wusste sie plötzlich ganz tief in ihrem Herzen: »Der Heilige Geist lebt in mir! Ich bin ein Tempel des Heiligen Geistes!« Sie war völlig aus dem Häuschen.

Und mit dieser Erkenntnis war klar: Dieser Dreck von den Zigaretten hatte nichts mehr in ihr zu suchen. Sie spürte, dass sie völlig frei war von dieser Sucht. Nach dem Gottesdienst ging sie auf das Hotelzimmer und warf alle Zigaretten, Streichhölzer und Feuerzeuge weg. Sie war frei!

Seit diesem Tag hat sie nie wieder eine Zigarette angefasst. Das war wirklich ein Wunder, das dem Wirken des Heiligen Geistes entsprang. Sie hatte bereits mit zwölf Jahren mit dem Rauchen angefangen und zum Schluss ein bis zwei Packungen am Tag verqualmt. Und nun hatte sie keinerlei Entzugserscheinungen und auch kein Verlangen mehr nach Zigaretten. Sie durfte eine vollständige Befreiung erleben. Ihr Mann hat dann auf eine andere Art auch Befreiung vom Rauchen erlebt – einige Jahre später. Danke, Jesus! So wirkt der Heilige Geist.

Wie spricht der Heilige Geist?

Der Heilige Geist redet auch heute zu uns. Hast du ihn schon einmal gehört? Jesus wünscht sich, dass jeder von uns eine persönliche Beziehung mit ihm hat. Du sollst eine persönliche Dauerverbindung mit dem Himmel haben, sodass der Heilige Geist jeden Tag konstant mit dir reden kann. Du darfst jeden Tag den Vater hören, der durch den Heiligen Geist zu dir spricht.

Vielleicht hast du dir noch nie Gedanken darüber gemacht oder dachtest, nur ganz besonders begnadete Menschen würden ab und zu mal die Stimme Gottes hören. Doch ich kann dir Mut machen: Jeder wiedergeborene Christ hört sie.

Der erste Schritt ist, dass du dir selbst sagst: Ich *kann* Gottes Stimme hören. Denn Jesus selbst hat uns zugesagt, dass wir sie hören: »Meine Schafe hören meine Stimme, und ich kenne sie, und sie folgen mir« (Johannes 10,27).

Glaubst du an Jesus Christus? Bist du ein Schaf in seiner Herde? Dann hörst du Gottes Stimme, auch wenn dir das bisher nicht bewusst war.

Was aber, wenn du betest und das Gefühl hast, dass es sich um eine Einbahnstraße handelt? Viele Menschen beten und reden mit Gott, doch es kommt nicht zu einer »Unterhaltung«. Zu einer Unterhaltung gehören eben immer zwei, und man möchte normalerweise nicht nur reden, sondern gern auch etwas vom Gegenüber hören.

Ich will dich ermutigen, in diesem Punkt nicht aufzugeben. Bete und erwarte, dass Gott antwortet. Das muss nicht die Stimme sein, die mit Donnerhall durch die Wohnung schallt. Das wäre möglich, ist aber eher »unüblich«. Der Heilige Geist spricht meistens sanft und leise. Vielleicht kommt dir ein Gedanke, ein Gefühl oder du spürst eine nie gekannte Bewegung in deinem Herzen. Diesem Impuls solltest du vertrauen. So hat es bei jedem von uns angefangen.

BIST DU EIN SCHAF IN DER HERDE VON JESUS? DANN HÖRST DU AUCH GOTTES STIMME.

Du magst dich fragen, ob dieser Impuls nun von dir oder wirklich von Gott kommt. Aber du musst keine Angst haben, Fehler zu machen. Der Heilige Geist hilft dir, ihn nach und nach besser zu verstehen, denn er will ja, dass du ihn verstehst. Jeden Tag, zu jeder Zeit, egal wo du bist, sei auf Empfang. Dann wird dir diese sanfte Stimme immer vertrauter werden.

Wir brauchen diese Kraftquelle von oben, um ganz neu in die Verbindung mit dem himmlischen Vater zu treten. Wenn du deine geistlichen Ohren öffnest und das Reden Gottes im Laufe des Tages einfach erwartest, wirst du staunen, worauf er dich hinweist, wie er dich führt und wie er dich bewahrt. Es ist ein Abenteuer und immer wieder ein Grund zu großer Freude. Mit jedem Mal, wo du eine solche Erfahrung gemacht hast, wird deine Liebe größer, deine Freude tiefer und die Erkenntnis über die Gnade Gottes wertvoller in deinem Herzen.

Nun liegt es an uns. Darf der Heilige Geist sich äußern oder ist er arbeitslos in deinem Leben? Lässt du ihn in deinem Leben wirken? Ich kann dir sagen, dass das Leben erst dann richtig Spaß macht, wenn wir es ganz eng mit dem Herrn verbringen. Wenn wir auf seine Stimme hören und seine sanfte Leitung in unserem Alltag zulassen, erleben wir echte Freude und Erfüllung.

Beschützer und Helfer im Gebet

> Der Beistand aber, der Heilige Geist, den der Vater senden wird in meinem Namen, der wird euch alles lehren und euch an alles erinnern, was ich euch gesagt habe.
> *Johannes 14,26*

Wenn du nicht mehr weiterweißt oder nicht weißt, wie oder was du beten sollst, dann bete im Heiligen Geist! Paulus ist uns hier ein großes Vorbild. Er schreibt sogar, dass er mehr in Sprachen redet als alle (1. Korinther 14,18). Wenn du nicht weißt, wie das geht, bitte den Heiligen Geist, es dir zu zeigen, oder bete mit anderen dafür.

Eine Mutter von mehreren Kindern erzählte mir, wie sie den Heiligen Geist ganz konkret erlebt hat. Als die Kinder noch klein waren, war ihr Mann jede Woche von montags bis freitags beruflich unterwegs. Ihre Verwandtschaft wohnte weit weg und so war sie meist auf sich allein gestellt. Wie so viele Mütter war sie einfach nur dankbar, wenn die Kinder abends im Bett waren und auch sie sich nach einem langen Tag endlich erschöpft schlafen legen konnte.

Aber wer Kinder hat, weiß, wie oft sie nachts weinend aufwachen, weil sie schlecht geträumt haben oder Schmerzen haben oder aus einem anderen Grund. Wenn sie noch klein sind, können sie gar nicht sagen, warum sie weinen.

Diese Frau erzählte, dass sie manchmal nicht mehr wusste, was sie noch tun, sagen, geschweige denn beten sollte, wenn eines ihrer Kinder einfach nicht aufhören wollte zu weinen. Sie war am Ende ihrer Kräfte. Dann fing sie an, im Heiligen Geist zu beten, und Gott begann zu wirken.

> Ebenso aber nimmt auch der Geist sich unserer Schwachheit an; denn wir wissen nicht, was wir bitten sollen, wie es sich gebührt, aber der Geist selbst verwendet sich für uns in unaussprechlichen Seufzern.
> *Römer 8,26*

Sie spürte, wie die Kraft Gottes das Zimmer erfüllte. Frieden breitete sich aus. Sie selbst wurde gestärkt und das Kind beruhigte sich. Voller Dankbarkeit durfte diese Mutter immer wieder erleben, wie sich Gott gerade in ihrer Schwäche offenbarte.

Der Heilige Geist leitet dich in alle Wahrheit

In Johannes 16,13 sagt Jesus, dass der Heilige Geist uns in alle Wahrheit leiten wird. Jeder sucht nach der Wahrheit. Das Wort »wahr« stammt vom indogermanischen *wēr* ab, das Vertrauen, Treue oder Zustimmung bedeutet. Wahrheit bildet die Grundlage unseres Daseins, heute vielleicht mehr als je zuvor. Die Welt hungert danach, weil das Angebot der unterschiedlichen »Wahrheiten« einfach unerschöpflich ist.

Suchst du auch nach Wahrheit? Vielleicht checkst du YouTube, googelst oder forschst in Büchern? Eventuell siehst du alle möglichen Sendungen im Fernsehen, liest Magazine und hörst, was die Leute da draußen alles zu sagen haben. Es ist gut, dass du dich auf die Suche gemacht hast. Gott hat uns die Sehnsucht nach Wahrheit ins Herz gelegt, denn er ist der Gott der Wahrheit und in ihm ist keine Ungerechtigkeit. Aber es gibt nur eine Wahrheit und es ist der Heilige Geist, der dich in diese Wahrheit führt. Er führt dich zu Jesus Christus!

SICH IN DIE WAHRHEIT FÜHREN ZU LASSEN, BEDEUTET, JESUS NÄHER KENNENZULERNEN.

Jesus sagt von sich selbst: »Ich bin der Weg und die Wahrheit und das Leben. Niemand kommt zum Vater als nur durch mich« (Johannes 14,6). Sich in die Wahrheit führen zu lassen, bedeutet also, Jesus – also die Wahrheit – näher kennenzulernen. Ich möchte dich ermutigen, mit dem Heiligen Geist zu kommunizieren. Er lebt schließlich mit dir zusammen.

Stelle dir eine junge Frau vor, die einen attraktiven jungen Mann kennenlernt, den sie interessant findet. Die beiden treffen sich ein paar Mal, entschließen sich, zu heiraten, und geben sich bald darauf das Jawort. Nun ziehen sie zusammen und leben als Ehepaar miteinander. Nach dem Aufstehen wünschen die beiden sich »Guten Morgen«. Beim Essen bedankt sich der Mann bei ihr, dass sie gekocht hat. Abends heißt es »Gute Nacht«. Das war's. Weitere Unterhaltungen finden nicht statt.

Du meinst, das sei undenkbar? Aber genau so leben viele Menschen mit Gott, nachdem sie den ersten Schritt in eine Beziehung mit ihm gemacht haben. Sie vertrauen ihm ihr Leben an und wer-

*Es gibt keine Alternative
für Gottes Berufung.
Wenn Gott in dein Leben
gesprochen hat,
folge deiner Vision.*

Daniel Exler

den von Neuem geboren. Ab jetzt sprechen sie morgens und abends ein kurzes Gebet. Der ein oder andere betet auch noch vor dem Essen und sonntags betet man in der Kirche. Mehr nicht.

Das ist weit entfernt von dem, was Gott sich vorgestellt hat. In einer echten Beziehung kommuniziert man miteinander. Man erzählt dem anderen, was man denkt und fühlt, und hat echtes Interesse daran, was das Gegenüber einem zu erzählen hat.

Gott spricht zu uns durch sein Wort. Indem wir in der Bibel lesen, lernen wir ihn immer mehr kennen. Dabei hilft uns der Heilige Geist, die Worte aus der Heiligen Schrift zu verstehen.

Gott möchte aber auch individuell mit dir sprechen. Wenn du bisher nicht auf diese Weise auf ihn gehört hast, fang doch einfach morgens damit an und bitte ihn: »Heute möchte ich nur einen Satz von dir hören!« Ein Satz ist eigentlich nicht viel. Aber stell dir einmal vor, du würdest zu deinem Ehepartner sagen: »Einen Satz möchte ich heute von dir hören.« Wenn dein Partner es bisher gewohnt war, dass er sonst rein gar nichts reden durfte, dann ist ein Satz schon richtig gut! Der Heilige Geist wird sich also freuen! Am nächsten Tag darf er dann vielleicht schon zwei Sätze sagen. Am Tag darauf drei … Irgendwann entwickelt sich eine echte Beziehung und ihr unterhaltet euch.

Dieses Leben im Heiligen Geist zu führen ist so wertvoll! Und es ist genau das, was der Vater sich wünscht. Eine tiefe Beziehung mit uns.

Der Heilige Geist heiligt und vertritt dich

Hast du dein Leben schon Jesus Christus anvertraut? Das ist die wichtigste Entscheidung, die du treffen kannst. In dem Moment, wo jemand sich bekehrt, das heißt mit Gott ganze Sache macht, hat der Heilige Geist schon richtig viel Arbeit vollbracht. Gedanken, Gefühle, Gespräche, Träume, Begebenheiten – all das hat er in Gang gesetzt mit dem einen Ziel, dass du heute sagen kannst: »Ich habe mich für Jesus Christus entschieden. Ich bin gerettet – aus lauter Liebe! Ich bin geheiligt und durch das Blut von Jesus gerecht gemacht.«

Es gibt Leute, die sich für tolle Evangelisten halten, weil Menschen sich bekehren, wenn sie reden. Das ist wunderbar, aber wir sollten uns im Klaren darüber sein, dass ohne das Wirken des Geistes nichts geschehen würde. Was wir tun können, ist die gute Botschaft von der Rettung durch Jesus verkündigen. Aber das ist eigentlich sehr wenig im Vergleich zu der Arbeit des Heiligen Geistes. Er macht den Menschen deutlich, dass sie Sünder sind und Erlösung brauchen. Er öffnet ihre Herzen und schafft immer wieder Gelegenheiten und die richtigen Begegnungen. Du kannst niemanden von der Wahrheit überzeugen. Echte Bekehrung kommt im Geist zustande, nicht im Verstand.

Wenn du willst, dass sich jemand bekehrt, geh den Weg der Liebe und bete für diese Person. Bete, dass der Heilige Geist ihr bewusst macht, dass sie Gott braucht! Nur der Heilige Geist hat die Macht, dieses Ziel zu erreichen. Bleib in allem, was du sagst und worüber du mit dieser Person sprichst, in der Führung des Heiligen Geistes. Arbeite mit Gott zusammen und nicht gegen ihn.

Der Heilige Geist befähigt dich zum Dienst

Ich bin wie bereits erwähnt als Steuerberater tätig. Außerdem bin ich als Pastor unserer Gemeinde oft international unterwegs und predige auch in vielen Gemeinden in ganz Deutschland. Ja, mein

Leben, meine Zeit, jeder Tag und jede Stunde gehören dem Herrn. Aber ohne den Heiligen Geist wäre das unmöglich.

Immer wieder fragen mich Menschen: »Daniel, wie packst du das eigentlich? Bist du nicht ausgepowert? Brauchst du nicht auch mal Urlaub?« Ich denke dann: »Nein, das brauche ich tatsächlich nicht.« Wie kann das sein? Nun, dahinter steckt kein großes Geheimnis: Wenn der Heilige Geist sagt: »Mach!«, dann mache ich, was immer er mir aufträgt. Ganz simpel. Und wenn ich der Stimme des Heiligen Geistes folge, dann schützt er mich auch und trägt mich. Er saugt nicht die letzte Kraft aus mir heraus, sondern ich gehe in seiner Kraft.

KEINE AUFGABE IM REICH GOTTES KÖNNEN WIR AUS UNSERER EIGENEN KRAFT IN ANGRIFF NEHMEN.

Jeder Tag, den wir ohne ihn verbringen, ist ein verlorener Tag. Jeder Christ ist zu einem Dienst berufen. Bei diesem Wort denken wir gleich an Missionare, Evangelisten, große Prediger und Pastoren. Aber nicht nur sie brauchen den Heiligen Geist. Keine Aufgabe, die wir im Reich Gottes tun dürfen, können wir aus unserer eigenen Kraft in Angriff nehmen. Jesus hat ganz klar gesagt: »Ich bin der Weinstock, ihr seid die Reben. Wer in mir bleibt und ich in ihm, der bringt viel Frucht, denn getrennt von mir könnt ihr nichts tun« (Johannes 15,5).

Dein Dienst ist die Begrüßung der Gottesdienstbesucher? Begrüße sie in der Kraft des Heiligen Geistes! Du bist tätig in der Technik und steuerst den Lobpreis aus? Lass dich leiten und du wirst beste Ergebnisse erzielen. Egal, ob im Kinderdienst, in der Fürbitte, im Heilungsdienst oder im Putzdienst, Gott möchte alles mit uns zusammen machen. Du arbeitest im Krankenhaus oder in einer Schule? Pflegst Angehörige oder hilfst Flüchtlingen? Auch das ist Dienst für Gott und auch darin möchte dich der Heilige Geist unterstützen.

Ich möchte dich ermutigen: Du kannst in deinem Dienst nicht in die Erfüllung, nicht in deine Berufung kommen ohne den Heiligen Geist. Er befähigt uns zum Dienst! Wir dürfen uns ihm vorbehaltlos zur Verfügung stellen und staunend sehen, was Gott in uns und durch uns zu tun vermag.

Mehr noch: Wir dürfen alles, was wir tun, für Gott und in seiner Kraft tun – Kinder erziehen und Geld verdienen, mit Nachbarn reden und Projekte leiten, im Sportverein helfen und Feste feiern. Glaube beschränkt sich nicht auf den Sonntag.

Der Heilige Geist hilft dir, dich zu verändern

Wenn wir beginnen, als Christen zu leben, hat sich meist in uns noch nicht viel verändert. Ja, wir sind dann Kinder Gottes und der Heilige Geist lebt in uns. Aber da ist immer noch der alte Mensch, unser altes Ich. Indem wir Ja zu Jesus sagen, machen wir den ersten Schritt auf einem langen Weg, einem Weg der Heilung und Veränderung zu Jesus hin. Nach und nach werden wir erkennen, wo wir uns anders verhalten sollten. Wir werden feststellen, dass die Gedanken, die wir haben, nicht mit dem übereinstimmen, was die Bibel sagt. Deshalb sind auch unsere Worte nicht so, dass wir Gott Ehre machen. Der Heilige Geist bewirkt in uns die Erkenntnis, dass wir Jesus ähnlich werden sollen. Wir dürfen diese Entscheidung treffen, aber wir sollten nicht meinen, dass wir das alleine schaffen. Nein, das können wir nicht. Aber das müssen wir auch nicht, denn: »Ich vermag alles durch den, der mich stark macht, Christus« (Philipper 4,13; SCHL).

In deiner eigenen Kraft wirst du es nicht schaffen, aber da gibt es diese Kraftquelle: das Leben im Heiligen Geist. Dadurch bist du täglich mit dem Himmel verbunden. Es ist ganz einfach. Du brauchst nicht warten, bis ein großer Prophet mit einer großen Offenbarung kommt. Oder darauf, dass ein Engel dich besucht und zu dir spricht. Kinder Gottes können täglich im Geist leben, das heißt mit ihm verbunden bleiben und mit ihm durchs Leben gehen. Das ist der Schlüssel. Ohne den Heiligen Geist kann ich nichts, aber mit ihm ist mir alles möglich!

Wir dürfen uns also auf den Weg machen, Jesus immer ähnlicher zu werden und gute Früchte zu bringen. Die Bibel sagt uns ganz klar, was dazugehört:

> Die Frucht des Geistes aber ist Liebe, Freude, Friede, Langmut, Freundlichkeit, Güte, Treue, Sanftmut, Selbstbeherrschung.
> *Galater 5,22-23;* SCHL

All diese wunderbaren Dinge hat Gott in uns hineingelegt, als wir uns für ein Leben mit Jesus Christus entschieden haben, wie einen Samen, der tief in die Erde gepflanzt wird. Noch ist er verborgen, aber die Gemeinschaft mit dem Heiligen Geist, die Beziehung zu ihm durch Jesus Christus, bewirkt, dass der Same aufgeht, sich langsam entwickelt, wächst und irgendwann Früchte trägt.

Damit dieser Prozess stattfinden kann, ist es gut und hilfreich, sich mit Menschen zu umgeben, die auch auf Wachstum im Heiligen Geist ausgerichtet sind. Wir brauchen eine Gemeinde, Menschen, die nachfolgen, die Gott an erste Stelle stellen, die lebendig sind und Jesus Christus lieben. Eine Gemeinde, die vom Heiligen Geist geführt wird und so die Liebe Gottes an die Menschen weitergibt.

Indem wir uns in Gemeinschaft mit anderen und alleine immer mehr der Führung des Heiligen Geistes und seinem Wirken in unserem Leben hingeben, werden wir verändert. Liebe, Freude, Friede und vieles mehr werden bei uns sichtbar.

Wie funktioniert das? Beginne den Tag mit einem Gebet wie dem folgenden: »Heiliger Geist, bitte leite du mich heute. Wirke du in mir und hilf mir, heute aus der Kraft des Geistes und nicht aus meiner eigenen Kraft zu leben. Heute ist ein Tag der Liebe und der Freude.«

Du darfst dich gegen Zornausbrüche, Eifersucht, Ärger und alles, womit du kämpfst, entscheiden. Jesus wird dir helfen, dass Liebe und Freude in dein Herz kommen. Nach und nach wirst du eine Veränderung spüren, und auch die Menschen um dich herum werden merken, dass etwas anders ist.

Viele Menschen fragen: Wie komme ich raus aus Eifersuchtsgedanken? Wie komme ich raus aus Zornausbrüchen? Wie aus Pornografie? Wie aus Angstzuständen und Gebundenheiten? Wie aus dem ganzen Druck? Es geschieht durch den Heiligen Geist, wenn wir ihm freie Hand geben, damit er in uns wirken kann.

Die Bibel sagt: »Wandelt im Geist, und ihr werdet die Begierden des Fleisches nicht erfüllen« (Galater 5,16), und: »Mit allem Gebet und Flehen betet zu jeder Zeit im Geist« (Epheser 6,18).

DAS BETEN IM GEIST INSPIRIERT UND BEFÄHIGT UNS, VOLLMÄCHTIG ZU BETEN.

Das Beten im Geist inspiriert und befähigt uns, vollmächtig zu beten. Wenn du nicht weißt, wie du beten sollst, dann bete im Heiligen Geist! Nicht einmal pro Woche oder einmal pro Tag, die Heilige Schrift sagt: »Zu jeder Zeit!«

Der Vater im Himmel will ständig mit dir Gemeinschaft haben! Er hat ein großes Bedürfnis nach Gemeinschaft mit dir und er will täglich mit dir reden. Bist du bereit, dich heute zu entscheiden, bis zum letzten Tag deines Lebens mit dem Heiligen Geist verbunden zu sein? Willst du ab heute mit dem Heiligen Geist leben?

Die Bibel sagt uns: »Werdet voller Geist« (Epheser 5,18). Lade den Heiligen Geist ein, dass er dich ganz erfüllt und dich mit seiner Kraft berührt, in Jesu Namen. Es gibt nichts, was er lieber tut. Ich bete, dass du ganz neu die Fülle in Jesus und Gottes Herrlichkeit erlebst. Und ich bete für diese Kraftquelle vom Himmel in dir zu seiner Ehre.

Dein Leben mit dem Heiligen Geist

Gott liebt dich! Die folgenden Bibelstellen sprechen über ein bewusstes Leben mit dem Heiligen Geist, über die Veränderungen und die Gaben, die Gott dir schenken möchte. Nimm dir Zeit, sie in dein Herz fallen zu lassen. Lade den Heiligen Geist ein, dass er dich ganz erfüllt und dich berührt mit seiner Kraft, in Jesu Namen. Es gibt nichts, was er lieber tut.

Deine Ermutigung aus dem Wort

Die Frucht des Geistes aber ist: Liebe, Freude, Friede, Langmut, Freundlichkeit, Güte, Treue, Sanftmut, Enthaltsamkeit. Gegen diese ist das Gesetz nicht gerichtet. Die aber dem Christus Jesus angehören, haben das Fleisch samt den Leidenschaften und Begierden gekreuzigt. Wenn wir durch den Geist leben, so lasst uns durch den Geist wandeln.

Galater 5,22-25

Und ein Spross wird hervorgehen aus dem Stumpf Isais, und ein Schössling aus seinen Wurzeln wird Frucht bringen. Und auf ihm wird ruhen der Geist des HERRN, der Geist der Weisheit und des Verstandes, der Geist des Rates und der Kraft, der Geist der Erkenntnis und Furcht des Herrn.

Jesaja 11,1-2

Ihr könnt euch glücklich schätzen, wenn man euch angreift
und verhöhnt, nur weil ihr euch zu Christus bekennt.
Daran zeigt sich nämlich, dass der Geist Gottes,
der Geist seiner Herrlichkeit, auf euch ruht.

1. Petrus 4,14; HFA

Uns aber hat Gott es offenbart durch den Geist,
denn der Geist erforscht alles, auch die Tiefen Gottes.
Denn wer von den Menschen weiß, was im Menschen ist,
als nur der Geist des Menschen, der in ihm ist?
So hat auch niemand erkannt, was in Gott ist,
als nur der Geist Gottes. Wir aber haben nicht den Geist der
Welt empfangen, sondern den Geist, der aus Gott ist,
damit wir die Dinge kennen, die uns von Gott geschenkt sind.
Davon reden wir auch, nicht in Worten, gelehrt durch menschliche Weisheit, sondern in Worten, gelehrt durch den Geist,
indem wir Geistliches durch Geistliches deuten.

1. Korinther 2,10-13

Es kommt aber die Stunde und ist jetzt, da die wahren
Anbeter den Vater in Geist und Wahrheit anbeten werden;
denn auch der Vater sucht solche als seine Anbeter.
Gott ist Geist, und die ihn anbeten,
müssen in Geist und Wahrheit anbeten.

Johannes 4,23-24

Denn dem einen wird durch den Geist das Wort
der Weisheit gegeben; einem anderen aber
das Wort der Erkenntnis nach demselben Geist;
einem anderen aber Glauben in demselben Geist;
einem anderen aber Gnadengaben der Heilungen in dem
einen Geist; einem anderen aber Wunderwirkungen;

einem anderen aber Weissagung, einem anderen aber Unterscheidungen der Geister; einem anderen verschiedene Arten von Sprachen; einem anderen aber Auslegung der Sprachen.

1. Korinther 12,8-10

Er (der Heilige Geist) wird meine Herrlichkeit offenbaren; denn was er euch verkünden wird, empfängt er von mir.

Johannes 16,14; NGÜ

8

Wohlstand und Großzügigkeit

MARIA PREAN

Über das Thema »Finanzen« spricht man im deutschsprachigen Raum nicht so gern. Aber in der Bibel ist es eine ganz große Sache. Wusstest du, dass uns die Heilige Schrift mehr Unterweisung über Geld gibt als über die meisten anderen Themen? Es gibt mehr als 2 000 Verse!

Geld ist ein wichtiger Teil unseres Lebens, deshalb ist es enorm wichtig, dass wir genau verstehen, was die Bibel darüber lehrt. Die Apostel hatten einiges dazu zu sagen und auch Jesus selbst erzählte viele Gleichnisse darüber.

Ohne Frage ist Gott der Zustand unseres Herzens wichtiger als unser Geld. Aber ich bin der Meinung, dass es eine gewisse Verbindung zwischen dem Glauben und dem Geben gibt, die man nicht einfach ignorieren sollte. Wenn Jesus in deinem Herz wohnt und es durch seine Gnade durch das Evangelium verändert wurde, dann wird sich diese Veränderung zeigen. Und zwar nicht nur in

Bezug auf das, was wir über Geld glauben, sondern vor allem, was wir mit unserem Geld tun:

> Was nützt es, meine Brüder, wenn jemand sagt, er habe Glauben, hat aber keine Werke? Kann etwa der Glaube ihn retten? Wenn aber ein Bruder oder eine Schwester dürftig gekleidet ist und der täglichen Nahrung entbehrt, aber jemand unter euch spricht zu ihnen: Geht hin in Frieden, wärmt euch und sättigt euch!, ihr gebt ihnen aber nicht das für den Leib Notwendige, was nützt es? So ist auch der Glaube, wenn er keine Werke hat, in sich selbst tot.
> *Jakobus 2,14-17*

Die Bibel sagt uns, dass wir geben sollen – das wissen die meisten von uns! Das kannst du zum Beispiel in Maleachi 3,6-12 oder auch in 1. Korinther 16,1-2 nachlesen. Allerdings sind viele Menschen der Meinung, dass es völlig egal ist, *wie viel* sie geben, solange sie einfach irgendetwas geben. Sie verstehen die Bibel so, dass es uns freigestellt ist, so wenig oder so viel zu geben, wie wir wollen – schließlich sind wir frei von der Gesetzlichkeit. Und das stimmt! Geben sollte nicht gesetzlich sein! Jesus wünscht sich von uns Freigiebigkeit aus einem dankbaren, anbetenden und fröhlichen Herzen. Das kann dann sogar für den einen oder anderen mehr bedeuten als der Zehnte!

Denk nur an die arme Witwe, von der das Markusevangelium berichtet. Einmal setzte sich Jesus der Spendenkiste gegenüber und schaute zu, wie die Leute ihre Gaben hineinlegten. Manche Reiche gaben richtig viel. Und dann kam eine arme Witwe und legte »zwei Scherflein« ein. Das waren die kleinsten Kupfermünzen, die es damals gab. Doch Jesus war von ihrer Gabe total überwältigt. Er sagte seinen Jüngern, dass diese arme Frau alles, was sie besaß, eingelegt hatte, ihren ganzen Lebensunterhalt. Die Reichen aber hatten nur einen Teil von ihrem Überfluss abgegeben (Markus 12,41-44).

Nun denkst du vielleicht, dass es viel angenehmer ist, vom Überfluss zu geben, und dass mit einer großen Spende auch viel mehr erreicht werden könnte. Deshalb kann doch eigentlich nichts dagegensprechen, sich Reichtum zu wünschen! Doch Jesus rückt die Witwe mit ihrer kleinen Gabe in den Fokus. Warum? Der Wunsch, reich zu werden, birgt einige Gefahren.

Der Wunsch, reich zu werden

Durch die Geschichte sind unter Christen zwei Meinungen zu finanziellem Wohlstand entstanden. Im Extrem ist die eine Ansicht, dass man umso weniger rechtschaffen sein kann, je mehr Geld man hat. Auf der anderen Seite steht die Meinung, dass Gott will, dass alle Christen wohlhabend und reich sind. Wenn jemand nicht reich ist, liegt das also daran, dass er nicht genug Glauben hat. Hast du die eine oder die andere Position schon einmal gehört?

Meine Lieben: Ich glaube, dass Gott immer will, dass es uns gut geht! Das heißt aber nicht unbedingt Reichtum. Manche Menschen können gut mit viel haushalten, und andere können nicht so gut mit Reichtum umgehen. Gott bestimmt in seiner Souveränität, wie viele »Talente« er uns anvertraut, und er weiß, was gut für uns ist. Er liebt uns zu sehr, um uns unter dem Gewicht von Reichtum zu zerquetschen, wenn unser Charakter es nicht aushält. Er liebt uns zu sehr, um uns zu schaden oder irgendwie zu verletzen. Deswegen sollte es nicht unser Ziel sein, reich zu werden. Gott wird uns schon geben, was gut für uns ist.

Die erwähnten Gefahren betreffen den Weg, den Menschen beschreiten, um Reichtum zu erwerben. Paulus beschreibt in den folgenden Versen, was mit Leuten passieren kann, die reich werden wollen:

> Die aber reich werden wollen, fallen in Versuchung und Fallstrick und in viele unvernünftige und schädliche Begierden, welche die Menschen in Verderben und Untergang versenken. Denn eine Wurzel alles Bösen ist die Geldliebe, nach der einige getrachtet haben und von dem Glauben abgeirrt sind und sich selbst mit vielen Schmerzen durchbohrt haben.
> *1. Timotheus 6,9-10*

Das macht nicht wirklich Mut, oder? Heißt das nun, dass du lieber arm bleiben solltest wie eine Kirchenmaus? Vielleicht sollten wir uns vornehmen, auch bei diesem Thema einfach auf unser Herz zu achten, das wir ja bewahren sollen.

Die Bibel fordert uns dazu auf, zu überprüfen, worauf wir vertrauen. Jesus sagt uns, dass wir uns keine Sorgen darüber machen sollen, was wir essen und trinken oder anziehen werden (Matthäus 6,25-33). Gott gibt uns alles, was wir brauchen! Vertraust du darauf, dass Gott sich um seine Kinder kümmert – also auch um dich? Oder vertraust du auf deinen hart erarbeiteten Reichtum, weil du glaubst, dass du dich damit aus allen Schwierigkeiten freikaufen könntest?

Salomo, der reichste Mann der Welt, hat vor so einer Haltung gewarnt: »Nichts nützt Reichtum am Tag des Zornes, Gerechtigkeit aber rettet vom Tod. … Wer auf seinen Reichtum vertraut, der wird fallen, aber wie Laub werden die Gerechten sprossen« (Sprüche 11,4.28). Und Jesus hat zu diesem Thema eine kleine Geschichte erzählt:

Das Land eines reichen Menschen trug viel ein. Und er überlegte bei sich selbst und sprach: Was soll ich tun? Denn ich habe nicht, wohin ich meine Früchte einsammeln soll. Und er sprach: Dies will ich tun: Ich will meine Scheunen niederreißen und größere bauen und will dahin all mein Korn und meine Güter einsammeln; und ich will zu meiner Seele sagen: Seele, du hast viele Güter liegen auf viele Jahre. Ruhe aus, iss, trink, sei fröhlich! Gott aber sprach zu ihm: Du Tor! In dieser Nacht wird man deine Seele von dir fordern. Was du aber bereitet hast, für wen wird es sein? So ist, der für sich Schätze sammelt und nicht reich ist im Blick auf Gott.
Lukas 12,16-21

Will Gott, dass wir in Wohlstand leben?

Nachdem wir die Gefahr des Reichtums erkannt haben, sehen wir uns an, was die Bibel über Geld und Wohlstand sagt.

WIR BRAUCHEN UNS NICHTS DARAUF EINZUBILDEN, WENN ES UNS FINANZIELL GUT GEHT, DENN: ALLES GEHÖRT GOTT!

Eins ist klar: Nur weil eine Sache gefährlich ist, heißt das nicht, dass wir sie nicht nutzen sollten. Zum Beispiel sind Autos eindeutig gefährlich. Tausende Menschen kommen jedes Jahr bei Autounfällen ums Leben. Auch ein Messer kann sehr gefährlich sein. Aber in der Küche ist es ein wertvolles Werkzeug. Die richtige Antwort ist daher nicht, nur noch zu Fuß zu gehen, weil Autos gefährlich sind, sondern die Verkehrsregeln zu befolgen. Auch Messer müssen wir nicht vernichten, sondern einfach sinnvoll benutzen.

Genauso ist es bei Reichtum: Nur weil Geld auch Gefahren auslöst, müssen wir nicht arm sein. Stattdessen sollen wir mit dem, was uns anvertraut ist, nach Gottes gutem Gesetz umgehen. Weißt du, alles gehört ja unserem Papa im Himmel. *Alles* – glaubst du das? Es ist *sein* Geld! Wir brauchen uns nichts darauf einzubilden, wenn es uns finanziell gut geht, denn er stellt uns das Geld nur zur Verfügung.

Gott selbst gibt uns die Fähigkeit, Vermögen zu schaffen. Nur aus seiner Kraft heraus ist das möglich. Wir dürfen niemals denken, dass wir unser Hab und Gut uns selbst und unserer Stärke, unserem Wissen oder unseren Fähigkeiten zu verdanken haben: »Sondern du sollst an den Herrn, deinen Gott, denken, dass er es ist, der dir Kraft gibt, Vermögen zu schaffen; – damit er seinen Bund aufrechterhält, den er deinen Vätern geschworen hat, so wie es heute ist« (5. Mose 8,18).

Tatsächlich sollten wir nicht fragen: Will Gott mich wohlhabend machen? Sondern: Was werde ich mit Gottes reichlicher Versorgung tun?

Und die Reichtümer Gottes sind ohne Ende, das wissen wir auch! Die Ratschläge, die Gott uns in Matthäus 6,24-34 gibt, habe ich jetzt jahrelang geübt. Ich kann dir sagen, dass der Segen, der dadurch zu fließen beginnt, unermesslich ist. Gott will dich segnen, damit du ein Segen bist. Und Segen heißt Segen – er ist viel umfangreicher als nur gute Finanzen. Der Segen von unserem Papa im Himmel betrifft alles, was wir sind und haben.

Das Wesentliche ist, Gott an die erste Stelle zu setzen. Das sollten wir in allen Bereichen unseres Lebens beherzigen. Und wir sollten neben dem Materiellen den Reichtum Gottes in uns selbst sehen, wie es im Brief an die Epheser steht:

> Er erleuchte die Augen eures Herzens, damit ihr wisst, was die Hoffnung seiner Berufung, was der Reichtum der Herrlichkeit

> seines Erbes in den Heiligen und was die überragende Größe seiner Kraft an uns, den Glaubenden, ist, nach der Wirksamkeit der Macht seiner Stärke.
> *Epheser 1,18-19*

Das kleine Wörtchen »wenn«

Wenn ich die Leute frage, was das wichtigste Wort in der Bibel ist, bekomme ich Antworten wie Liebe, Segen, Geld, Jünger oder Geduld. Tatsächlich geht es mir aber nicht um Substantive, sondern um ein ganz kleines, unscheinbares Wörtchen. Es heißt »wenn«. Dieses Wort bestimmt unser ganzes Sein hier auf der Erde. Viele Verheißungen sind an eine Bedingung geknüpft: *Wenn* wir tun, was Gott uns sagt, *dann* wird er tun, was er verheißen hat. Es ist wichtig zu sehen, wo ein »wenn« steht, damit wir das »dann« erhalten. So ist es auch beim Wohlstand:

> Du aber, du wirst umkehren und der Stimme des Herrn gehorchen und wirst all seine Gebote tun, die ich dir heute befehle. Und der Herr, dein Gott, wird dir Überfluss geben bei allem Tun deiner Hand, an der Frucht deines Leibes und an der Frucht deines Viehs und an der Frucht deines Ackerlandes, für dich zum Guten. Denn der Herr wird sich wieder über dich freuen zum Guten, wie er sich über deine Väter gefreut hat, wenn du der Stimme des Herrn, deines Gottes, gehorchst, um seine Gebote und seine Ordnungen zu halten, die in diesem Buch des Gesetzes aufgeschrieben sind, wenn du zum Herrn, deinem Gott, umkehrst mit deinem ganzen Herzen und mit deiner ganzen Seele.
> *5. Mose 30,8-10*

Gott will von ganzem Herzen, dass es uns gut geht. Er möchte, dass wir Überfluss an seinem echten Leben haben bei allem, was wir haben und tun. Wenn du Jesus Christus dein Leben anvertraut hast und *wenn* du seine Gebote hältst – nämlich indem du Gott von ganzem Herzen, mit ganzer Seele, mit deinem ganzen Verstand und aus deiner ganzen Kraft liebst und deinen Nächsten wie dich selbst –, dann gibt es keinen Grund, dass Gott dich nicht mit seiner großen Gnade überschütten kann.

Der Psalm 112 ist ganz wunderbar! Schau einmal hin und du kannst sehen, welches »wenn« Gott von uns erwartet und wie er uns »dann« segnen möchte. Ich schreibe den Psalm so auf, wie ich ihn für mich immer wieder laut proklamiere. Das Wort Gottes ist Leben, durch und durch!

Ich bin der glücklichste Mensch auf Erden,
wenn ich Ehrfurcht vor Gott habe und ihn von ganzem Herzen
liebe und meinen Nächsten wie mich selbst.
Er will nicht nur mir, sondern meiner ganzen Familie Einfluss
und eine gute Versorgung verschaffen.
Gott will, dass wir mit allem reichlich versorgt sind
und dass meine Gerechtigkeit für immer Bestand hat.
Selbst in dunklen Stunden, wenn es mir einmal nicht gut geht,
darf ich auf ihn, den hellen Morgenstern, schauen.
Mein Leben soll gekennzeichnet sein von Erbarmen anderen
gegenüber. Ich soll großmütig und gerecht sein.
Es wird mir gut gehen, wenn ich hilfsbereit bin,
anderen leihe und mich immer an das Recht halte.
Dann kann mich nichts zu Fall bringen und man wird mich
nie vergessen. Auch brauche ich niemals schlechte
Nachrichten zu fürchten, da ich voller Zuversicht bin
und mein Vertrauen auf den Herrn setze.

Nichts kann mich erschüttern und ich habe auch keine Angst,
denn ich weiß, dass ich mit Gottes Hilfe
über meine Feinde triumphieren werde.
Ich kann großzügig den Bedürftigen geben, was sie brauchen.
Ich komme zu Ansehen und Macht und doch kann man
immer auf meine Barmherzigkeit zählen.
Diejenigen jedoch, die Gott missachten, werden das alles sehen
und sich ärgern. Sie werden unfassbar wütend werden,
denn das, was sie selbst sich erträumt haben, zerrinnt in nichts.

Gebt, und ihr werdet bekommen

Bei der Situation mit der Witwe in der Synagoge – wer war da reich und wer arm aus der Sicht von Jesus? Die Witwe oder die Reichen? Die, die wenig gab, oder die, die viel gaben?

Genau: Wohlstand wird nicht daran bemessen, was man besitzt, sondern daran, wie viel man weggibt. Ein echtes Zeichen von Wohlstand ist Großzügigkeit. Dann ist jemand also wohlhabend, wenn er etwas von seinen Finanzen weggibt. Ein Milliardär, der nichts gibt, ist ärmer als ein Armer, der nur ein paar Euro verschenkt. Es ist doch tatsächlich so, dass du dich nur dann wirklich reich fühlst, wenn du andere segnest, wenn du von dem, was du besitzt, anderen etwas abgibst und wenn du anderen helfen kannst. Das ist der Grund, warum es Millionäre gibt, die zutiefst unglücklich sind und die keine Freude am Leben haben. Sie finden keine Zufriedenheit, sind völlig leer, trotz des vielen Geldes, das sie besitzen. Es kommt darauf an, was du mit deinem Wohlstand tust!

GROSSZÜGIGKEIT IST EIN SAME, DEN DU SÄEN KANNST, UM IN DER ZUKUNFT SEGEN ZU ERNTEN.

Wenn du dich also reich fühlen willst, fange an zu schenken! Tu Gutes! Fange an, von Großzügigkeit zu träumen in einem Maß, das dir unvorstellbar erscheint. Sieh dein Geld nicht als etwas, das du hortest, um es zu vermehren! Dein Geld ist ein Mittel, um anderen zu helfen und um zu segnen. Gott sieht dein Herz und er wird dich segnen. Großzügigkeit ist ein Same, den du säen kannst, um in der Zukunft Segen zu ernten.

Die Bibel sagt uns, was passiert, wenn wir geben. Das Wort Gottes wird hier ganz konkret. Es beschreibt, was geschieht, wenn wir knausrig oder großzügig geben.

Deine Ermutigung aus dem Wort

Gebt, und es wird euch gegeben werden: ein gutes, gedrücktes und gerütteltes und überlaufendes Maß wird man in euren Schoß geben; denn mit demselben Maß, mit dem ihr messt, wird euch wieder gemessen werden.

Lukas 6,38

Irrt euch nicht, Gott lässt sich nicht verspotten! Denn was ein Mensch sät, das wird er auch ernten.

Galater 6,7

Wer sparsam sät, wird auch sparsam ernten, und wer segensreich sät, wird auch segensreich ernten.

2. Korinther 9,6

Wenn wir Liebe säen, werden wir Liebe ernten. Wenn wir Respekt säen, werden wir Respekt ernten. Und wenn wir Geld säen? Welche Art von Geber liebt Gott? Und was tut er für ihn?

Wenn du tust, was Gott dir sagt, dann wird er tun, was er verheißen hat.

Maria Prean

> Jeder gebe, wie er sich in seinem Herzen vorgenommen hat: nicht mit Verdruss oder aus Zwang, denn einen fröhlichen Geber liebt Gott. Gott aber vermag euch jede Gnade überreichlich zu geben, damit ihr in allem allezeit alle Genüge habt und überreich seid zu jedem guten Werk.
> *2. Korinther 9,7-8*

Schau mal in dein Leben: Hast du Mangel? Vielleicht fordert Gott dich mitten in deiner Bedürftigkeit auf zu geben. Dann tu das im Glauben daran, dass Gott die Wahrheit gesagt hat. Im Vertrauen darauf, dass Gott dich liebt, dein Bestes will und treu und gerecht ist. Er lässt dich nicht hängen!

Wenn ich in Schwierigkeiten bin und finanziell nicht mehr weiterweiß, dann ist die beste Maßnahme, aus meinem gefühlten Mangel zu geben. Damit drücke ich Glauben aus. Wenn ich aber horte und festhalte am Besitz, wenn ich nichts mehr gebe, wenn es knapp wird, dann erzählt meine Lebensweise davon, dass ich meinem Bankkonto mehr vertraue als meinem Gott.

Natürlich müssen wir dabei angemessen vorgehen. Aber lasst uns auch hier auf den Herrn hören. Wenn er uns inmitten von Problemen auffordert, zu geben, dann lasst uns im Glauben handeln, und er wird uns segnen.

In alldem vergiss niemals das Wichtigste: Wir leben nicht aus Angst oder Verzweiflung, sondern aus Glauben. Aus dem Glauben, dass Gott uns liebt! Ohne dass du eine große Vision bekommst oder eine Offenbarung, während du treu deiner täglichen Arbeit nachgehst, darfst du wissen, dass Gott dich segnet. Einfach weil er dich liebt!

Was sollen wir Gott denn geben? Die Sprüche sagen uns: »Ehre den Herrn mit deinem Besitz, mit den Erstlingen all deines Ertrages!« (Sprüche 3,9). Und was geschieht, wenn wir diesen ersten Teil Gott geben? »Dann füllen deine Speicher sich mit Vorrat, und von Most fließen über deine Keltern« (Vers 10).

Oft wurde ich schon von Menschen gefragt, ob sie von allem den Zehnten geben sollten oder nur von ihrem offiziellen Gehalt. Auf den ersten Teil oder den restlichen Teil? Vor oder nach Steuern? Vom Brutto- oder Nettogehalt? Darauf entgegne ich dann: »Willst du Brutto- oder Nettosegen?«

Aber wir wollen schauen, was das Wort Gottes dazu sagt:

> Findet ihr es etwa richtig, wenn ein Mensch Gott betrügt? Doch genau das tut ihr die ganze Zeit! Ihr entgegnet: »Womit haben wir dich denn betrogen?« Nun, ihr habt mir nicht den zehnten Teil eurer Ernte gegeben, und ihr habt den Priestern ihren Anteil an den Opfergaben verweigert. Mein Fluch lastet schwer auf dem Volk, und trotzdem hört ihr nicht auf, mich allesamt zu hintergehen.
> *Maleachi 3,8-9;* HFA

Im nächsten Vers fordert Gott sein Volk Israel dann auf, den zehnten Teil der Ernte in vollem Umfang zu bringen. Er fordert es auf, ihn auf die Probe zu stellen, ob er seine Zusage hält. Er verspricht, dass er die, die das tun, überreich mit seinem Segen beschenken wird.

ICH HABE DAS SCHON X-MAL AUSPROBIERT: GOTT BLEIBT UNS NICHTS SCHULDIG – NICHTS!

Meines Wissens ist das die einzige Schriftstelle darüber, dass wir als Menschen Gott prüfen dürfen. Ich garantiere dir, ich habe das schon x-mal ausprobiert: Gott bleibt uns nichts schuldig – nichts!

Seit vielen Jahren gebe ich den ganzen Zehnten und bin sehr konsequent damit. Der Segen, der dadurch in meinem Leben fließt, ist unbeschreiblich. Gott will uns segnen, um ein Segen zu sein. Er möchte, dass wir durchbrechen in eine extreme Großzügigkeit.

Eine Formel für Großzügigkeit

Paulus prahlte geradezu mit der Großzügigkeit der mazedonischen Gläubigen. Er berichtet im 2. Korintherbrief darüber, was Gott in seiner Gnade in den Gemeinden dieser Provinz bewirkt hat. Die Christen in Mazedonien erlebten viel Druck von außen. Aber sie blieben ihrem Herrn Jesus treu. Standhaftigkeit und Ausharren sind wichtige Prinzipien im Reich Gottes! Doch sie ließen sich ihre Freude nicht nehmen. Man kann sagen, die mazedonische Formel für Großzügigkeit ist:

schwere Prüfungen + extreme Armut + überfließende Freude = reiche Großzügigkeit

Die Gläubigen in Mazedonien gaben trotz ihrer großen Armut reichlich für andere. Sie gaben, was sie nur konnten. Und Paulus sagt, sie gaben sogar mehr als das – und zwar aus freien Stücken. Für diese Christen war es ein großes Vorrecht, sich an der Hilfe für die Christen in Jerusalem zu beteiligen. Sie gaben alles, sie schenkten sich geradezu selbst. Das ist es, was Gott möchte.

Lass mich dich ganz direkt fragen: Wie gehst du persönlich mit Geld um?

- Manche Menschen geben immer alles aus, was sie haben. Diese Leute sind ständig pleite.

- Manche Menschen geben weniger aus, als sie könnten. Diese Menschen sparen.
- Andere Menschen geben immer mehr aus, als sie haben. Sie machen Schulden.

Wenn du jetzt dein Verhalten anschaust, wenn es ums Geben geht – kannst du da eine ähnliche Tendenz erkennen?

Wenn wir in die Bibel schauen, gibt es verschiedene Segenswege, wenn es ums Geben geht:

- Manche Menschen geben weniger, als sie geben sollten. Diese Menschen berauben Gott.
- Andere geben, was sie können. Das nennt man Gehorsam.
- Und wieder andere geben aufopferungsvoll mehr, als sie eigentlich können. Dies sind die extremen Geber, von denen Paulus berichtet. Sie werden auch Helden des Glaubens genannt.

Meine Mutter war eine extreme Geberin! Von ihr habe ich gelernt, in Freude zu geben, »bis es wehtut«. Wenn du das tust, kannst du damit rechnen und wirst es erleben, dass Gott Wunder tut. Es wird dir die Sprache verschlagen. Du wirst nicht fassen können, was er tut.

Deine Motivation ist ausschlaggebend: nicht mit Verdruss oder aus Zwang oder Berechnung, denn einen fröhlichen Geber liebt Gott (2. Korinther 9,7).

Welche Art von Geber bist du?
Gibst du weniger, als du dir leisten könntest? Oder gerade so viel, wie du dir leisten kannst? Oder gibst du mehr, als du dir eigentlich leisten könntest?

Verwalter im Reich Gottes

> Da ist einer, der ausstreut, und er bekommt immer mehr, und einer, der mehr spart, als recht ist, und es gereicht ihm nur zum Mangel. Wer gern wohltut, wird reichlich gesättigt, und wer andere tränkt, wird auch selbst getränkt.
> *Sprüche 11,24-25*

Was wir in der Schule gelernt haben, ist genau das Gegenteil von diesem Vers. Aber wir dürfen uns auf Gottes »Mathematik« verlassen! Wir segnen andere und werden reicher. Wir verteilen, geben weg und bekommen hinzu. Doch wenn wir alles horten, werden wir immer ärmer. Es ist ein unumstößliches, göttliches Gesetz: Derjenige, der freigiebig ist, der ein großzügiges Herz hat und andere beschenkt, wird selbst gesegnet. Gott schenkt uns immer beides: das Brot, also das, was wir selbst zum Leben brauchen, und den Samen. Der Same ist dazu da, um ihn zu säen und damit andere zu unterstützen. Und der Same ist auch das, was sich vermehrt.

WIR DÜRFEN UNS AUF GOTTES »MATHEMATIK« VERLASSEN: WIR SEGNEN ANDERE UND WERDEN REICHER!

Es geht darum, ein guter Verwalter zu sein. Wir sind Verwalter, nicht Eigentümer unserer Ressourcen. Gott ist der Eigentümer!

Wann hast du das letzte Mal den Eigentümer gefragt, was du mit seinem Eigentum tun sollst? Ist das ein seltsamer Gedanke für dich? Gott hat Pläne, in denen er auch das verwenden möchte, was er uns gegeben hat. Und du darfst an diesen Plänen mitarbeiten. Welch ein Vorrecht!

Dabei handelt es sich keineswegs um harte Arbeit oder das Ausführen von unangenehmen Pflichten. Im Gegenteil! Wenn du dich als treuer Verwalter erweist, ist das der Weg zu finanzieller

Freiheit. Beim Geben geht es nie um dich selbst, sondern darum, dass du andere segnen kannst. Wenn wir anderen helfen, wird Gott dadurch gelobt. Er hat uns gesegnet, damit wir ein Segen sind.

Geben ist dann in Gottes Sinn, wenn man es freiwillig und gerne tut. Es muss von Herzen kommen. Wir arbeiten Hand in Hand mit Gott, wenn wir Bedürftigen helfen. Wenn wir unseren Besitz so einsetzen, dass er zum Segen wird, wird Gott uns als großzügige Menschen belohnen. Doch niemals sollten wir Hintergedanken beim Geben haben. Wir können weder Vergebung von Gott erkaufen, noch sollten wir geben, um etwas dafür zu bekommen oder andere zu beeindrucken.

Auch ist es wichtig, verantwortlich mit dem umzugehen, was Gott uns gibt. Wenn ich als Familienoberhaupt anderen so viel gebe, dass meine eigene Familie vernachlässigt wird oder ich meine alten Eltern nicht mehr unterstützen kann, dann ist das nicht die richtige Priorität. Unser gesamter Besitz ist eine Gott gewidmete Gabe. Damit ist alles Geben, das gut und wohlgefällig vor dem Herrn ist, Gott gewidmet.

Dein Leben mit Ewigkeitswert

Der wichtigste Punkt bei all dem Nachsinnen über Wohlstand und Großzügigkeit ist der folgende: Vergiss niemals, dass du hier nur auf der Durchreise bist. Nichts, rein gar nichts Materielles, kannst du mitnehmen in die Ewigkeit. Nur die Menschen, die du für Jesus gewinnen konntest, und die Früchte des Geistes, die bei dir und in anderen durch dein Leben hervorgekommen sind, werden für die Ewigkeit bleiben.

Ich möchte dich darum ermutigen, dir selbst ein paar Fragen zu stellen:

Wo sind meine Prioritäten?
Lebe ich für die ewigen Dinge?
Habe ich die richtige Herzenseinstellung?
Was tue ich mit dem Wohlstand, den Gott mir anvertraut hat?
Setze ich ihn für Gottes Reich ein?
Bin ich ein Segen für andere?

Mit Blick auf den größten Reichtum, den wir im ewigen Leben durch Jesus Christus haben, dürfen wir den Segen durch uns fließen lassen. Wir dürfen ihn genießen und wie einen Fluss weiterströmen lassen – hin zu den Menschen. Halleluja!

9
Die Macht der Worte

DANIEL EXLER

Tod und Leben sind in der Gewalt der Zunge,
und wer sie liebt, wird ihre Frucht essen.
Sprüche 18,21

Weißt du, dass du Macht besitzt? Du hast Macht mit jedem Wort, das du aussprichst.

Was ist das für eine Macht? Was hat sie mit deinen Worten zu tun und warum ist es wichtig, dass du genau darauf achtest, was du sagst?

> Im Anfang schuf Gott den Himmel und die Erde. Und die Erde war wüst und leer und Finsternis war über der Tiefe; und der Geist Gottes schwebte über dem Wasser. Und Gott sprach: Es werde Licht! Und es wurde Licht!
> *1. Mose 1,1-3*

Bereits in den ersten Versen der Bibel können wir erkennen, wie wichtig Worte sind. Gott sprach: »Es werde Licht!« Und es wurde

Licht. Gott hatte den Wunsch, die Erde zu schaffen und auch dich zu schaffen. Dazu benutzte er einzig und allein Worte.

Gott sprach diese Worte aus, eins nach dem anderen kam zustande, und die ganze Erde wurde durch sein Wort erschaffen. Auch wir Menschen – seit Adam und Eva alle Menschen bis heute, auch *du*:

> Und Gott sprach: Lasst uns Menschen machen in unserm Bild, uns ähnlich! Sie sollen herrschen über die Fische des Meeres und über die Vögel des Himmels und über das Vieh und über die ganze Erde und alle kriechenden Tiere, die auf der Erde kriechen!
> *1. Mose 1,26*

Also: Gott der Vater, Gott der Sohn und Gott der Heilige Geist besprachen sich und beschlossen, sich ein Gegenüber zu schaffen, das Gott ähnlich sein sollte. Mit diesem Geschöpf, dem Menschen, wollten sie Gemeinschaft haben. Der Mensch sollte nicht eine Marionette sein ohne eigenen Willen und Antrieb. Gott wünschte sich ein echtes Gegenüber!

Unser Auftrag zu herrschen

Alles, was Gott vor dem Menschen geschaffen hatte, war die liebevolle Vorbereitung des Lebensraumes, den Gott für uns erdacht hatte. Er traut uns zu, dass wir damit umgehen können, und daraus resultiert ein Auftrag an uns. Gott sagt: »Sie sollen herrschen!« Das war der erste Auftrag, den wir Menschen von Gott bekommen haben. Wir sollen nicht beherrscht werden, sondern herrschen. Dazu wurden wir geschaffen! Aber worüber eigentlich? Und was genau heißt das eigentlich?

Für uns geht es nicht nur um die Tiere und die Natur. Nach Epheser 6 herrschen oder kämpfen wir gegen die Mächte und Gewalten des Todes. Wir befinden uns nicht in einem Kampf gegen Menschen, Tiere oder die Natur, sondern wir treten in einen geistlichen Kampf ein.

Ich möchte dich ermutigen: Gott stellt uns alles zur Verfügung, um diesem Auftrag gerecht zu werden. In Christus haben wir Vollmacht empfangen über alle Gewalt des Feindes. Nichts wird uns in irgendeiner Weise schaden (Lukas 10,19).

Diese Autorität, diese Vollmacht, hat Gott denen gegeben, die ihm nachfolgen. Deswegen ist es unser absolutes Privileg als Kinder Gottes, dass wir uns nicht von Umständen beherrschen lassen müssen – nicht von Ängsten, Depression, Zweifeln oder Niederlagen. Gottes Idee war es, dass wir über den Umständen stehen und nicht unter ihnen leiden.

Die Frage ist also: Wie erfüllen wir diesen ersten Auftrag, den Gott uns gegeben hat? Wie herrschen wir? Die Antwort ist ganz klar: Allein durch das Wort. Alles beginnt mit deinen Worten.

Was wir aussprechen, produziert Tod oder Leben. Was wir sagen, posten oder schreiben, zerstört oder baut auf, sät Frust und Lügen oder tröstet und ermutigt. Wie wir sprechen und uns ausdrücken, prägt uns selbst, unsere Identität und die Sicht auf die Welt. Aber wir nehmen damit auch Einfluss auf die Menschen um uns herum und auf unsere Umwelt. Wir haben eine außerordentliche Verantwortung – unsere Worte haben eine enorme Gewalt.

WORTE HABEN EINE AUSWIRKUNG AUF DAS GANZE LEBEN VON MENSCHEN!

Worte haben eine Auswirkung auf das ganze Leben von Menschen! Worte definieren unsere Selbstsicht, unsere Identität. Das ist so, weil Gott, unser Schöpfer, das von Anfang an so geplant hat. Er selbst hat mit Worten unsere Existenz ins Leben gerufen und er gibt seinen Geschöpfen Identität durch bestärkende Worte der Wahrheit.

In der Geschichte vom Anfang betrachtet Gott alles, was er gemacht hat, und bezeichnet es als »sehr gut« (1. Mose 1,31). Er segnet die Menschen mit wohlwollenden Worten: »Ihr seid fruchtbare Geschöpfe, freut euch am Leben und multipliziert euch!« (1. Mose 1,28). Eindrücklich sehen wir das auch bei der Taufe von Jesus. Gott, der Vater und Schöpfer, bestärkt die Identität seines Sohnes Jesus mit einer hörbaren Stimme aus dem Himmel: »Du bist mein geliebter Sohn, an dir habe ich Freude!« (Markus 1,11; NGÜ).

Gott hat auch uns Menschen diese identitätsgebende Macht der Worte geschenkt. Aber wir nutzen sie leider nicht immer in seinem Sinn.

Ein Vater, der seinem Sohn immer wieder sagt, dass er nichts wert ist und es nie zu etwas bringen wird, sorgt dafür, dass der Sohn sich nichts zutraut und niemals Erfolg haben wird.

Eine Mutter, die ihrer Tochter sagt, dass sie nicht geplant, ein Unfall war und dass sie dieses Kind niemals haben wollte, sorgt dafür, dass diese Tochter sich ungeliebt, unerwünscht und wertlos fühlt.

Auch Lehrer, Schulkameraden und geistliche Leiter können Menschen in ihrer Identität angreifen und Gedanken der Wertlosigkeit in Kindern und Jugendlichen hervorrufen.

Worte, die über uns ausgesprochen werden, haben eine Auswirkung auf das ganze Leben! Aber wir sind ihnen nicht hilflos ausgeliefert. Durch Jesus Christus haben wir die Chance, diesen zerstörerischen Worten, die über unserer Identität ausgesprochen wurden, die Macht zu nehmen. Wir dürfen durch ihn vom Tod zum Leben hindurchgehen und ein Leben im Sieg führen.

Mit dem Mund bekennen, um errettet zu werden

Eine der wichtigsten Fragen, die wir uns in unserem Leben stellen sollten, ist: Wie kommen wir vom Tod zum Leben? Was sagt das Neue Testament darüber?

> Denn so hat Gott die Welt geliebt, dass er seinen eingeborenen Sohn gab, damit jeder, der an ihn glaubt, nicht verloren geht, sondern ewiges Leben hat.
> *Johannes 3,16*

Eines Tages wird unsere Zeit hier auf dieser Erde zu Ende sein und jede Person, die Jesus Christus als ihren Herrn und Heiland angenommen hat, wird gerettet werden. Menschen, die Jesus Christus jedoch nicht als ihren Herrn und Heiland annehmen, werden verloren gehen.

Jesus hat einen Absolutheitsanspruch. Es gibt keine Religion, keine Kirche, keine Philosophie und keine Tradition, die uns in den Himmel bringt. Das kann allein Jesus, der Sohn Gottes, der von sich selbst sagt: »Ich bin der Weg und die Wahrheit und das Leben. Niemand kommt zum Vater als nur durch mich« (Johannes 14,6).

Wenn du Jesus als deinen Weg zum Vater gewählt hast, gilt das für dich: Jeder, der gerettet ist, befindet sich auf einem Weg, dem Weg der Nachfolge. Und jeden Tag neu braucht es unsere Zuordnung, unsere Ausrichtung auf Jesus, als unseren einzigen Weg zum wahren Leben.

Wenn wir Jesus unser Leben geben, dann kommen zwei Dinge zusammen:

> Denn wenn du mit deinem Mund Jesus als den Herrn bekennst und in deinem Herzen glaubst, dass Gott ihn aus den Toten auferweckt hat, so wirst du gerettet. Denn mit dem Herzen glaubt man, um gerecht zu werden, und mit dem Mund bekennt man, um gerettet zu werden.
> *Römer 10,9-10; SCHL*

Du musst also mit deinem Herzen glauben und mit deinem Mund bekennen, um errettet zu sein. Rettung basiert auf dem Glauben des Herzens *und* darauf, dass wir das, was wir glauben, mit dem Mund aussprechen.

Das heißt: Wenn dein Glaube, dass Jesus für dich gestorben und von den Toten auferstanden ist, und dein gesprochenes Bekenntnis darüber zusammenkommen, dann entsteht biblische Rettung.

Es gibt einige Beispiele in der Bibel, an denen wir erkennen können, wie wichtig es Jesus ist, dass wir aussprechen, was wir im Herzen haben.

ES IST JESUS SEHR WICHTIG, DASS WIR AUSSPRECHEN, WAS WIR IM HERZEN HABEN.

Das Markusevangelium erzählt uns von Bartimäus, einem blinden Mann, der in Jericho lebte. Er saß bettelnd am Wegrand und eine große Volksmenge zog an ihm vorbei. Aus ihren aufgeregten Unterhaltungen hörte er heraus, dass Jesus bei ihnen war. Er hatte schon so viel von ihm gehört, doch vermutlich hätte er niemals damit gerechnet, dass er Jesus einmal begegnen würde. Aber nun nutzte er seine Chance und schrie, so laut er konnte: »Sohn Davids, Jesus, erbarme dich!« (Markus 10,47). Die Menschen waren empört und bedrohten ihn, er solle still sein. Aber Bartimäus schrie nur umso lauter.

Jesus blieb stehen und forderte die Leute auf, den Blinden zu ihm zu bringen. Als der das hörte, sprang er auf und kam zu Jesus. Jesus wusste natürlich, dass Bartimäus blind war, und trotzdem fragte er ihn: »Was willst du, dass ich dir tun soll?« (Vers 51). Erstaunlich, nicht wahr? Als Bartimäus aussprach, dass er sehen wollte, sagte Jesus: »Geh hin, dein Glaube hat dich geheilt!« (Vers 52). Und sofort wurde er sehend. Jesus fragte erst nach einem Bekenntnis und handelte dann nach dem ausgesprochenen Glauben.

Ich möchte dich ermutigen, dass du nicht nur glaubst, sondern auch aussprichst, was du glaubst. Es ist so wichtig zu verstehen, dass der Glaubende mit seinen Worten bekennt!

Auswirkungen unserer Worte auf unser Leben

Wir sprechen den ganzen Tag. Es ist wunderbar, dass Gott uns diese Möglichkeit der Kommunikation gegeben hat. Doch jedes unserer Worte hat eine Auswirkung. Dessen müssen wir uns bewusst sein:

> Wenn jemand meint, er diene Gott, und zügelt nicht seine Zunge, sondern betrügt sein Herz, dessen Gottesdienst ist vergeblich.
> *Jakobus 1,26*

Jakobus ist hier ziemlich scharf in seiner Aussage. Er erklärt: Wenn jemand meint, Gott zu dienen, aber nicht auf seine Worte achtet, ist dieser Dienst für Gott vergeblich! Vielleicht gehen wir treu in den Gottesdienst, in die Bibelstunde, in die Gebetsstunde, beten für andere und glauben, damit Gott zu dienen. Aber wenn die Art, wie wir sprechen, nicht Gottes Art entspricht, sollten wir uns nichts vormachen: Dann ist unser Tun für Gott vergeblich. Unser »Gottesdienst« oder, wie andere übersetzen, unsere Frömmigkeit ist dann nutzlos (NGÜ, SCHL).

Wenn du also deinen Dienst für Gott tust, aber deine Zunge nicht zügelst, das heißt leichtfertig »drauflosschwätzt«, was dir einfällt, dann wirst du daran gemessen. Du sollst nicht einfach reden, was dir in den Sinn kommt. Wir sollten das sprechen, was Wahrheit ist, was auferbaut und Leben hervorbringt. Dies ist Gottes Art zu sprechen und sein Wort lehrt uns das.

Ich möchte am Ende meines Lebens nicht meinen Dienst auf dieser Erde gemacht haben, ohne gelernt zu haben, meine Zunge zu zügeln. Ich möchte darauf achten, was ich spreche, darauf achten, was aus meinem Mund herauskommt, was ich poste und schreibe. Es hat Auswirkungen auf mein Leben und meine Zukunft!

Seid alle gleich gesinnt

Gott hat uns für die Gemeinschaft geschaffen. Wir dürfen Gemeinschaft haben mit ihm, aber er möchte natürlich auch, dass wir mit anderen Menschen zusammenkommen. Das passiert jeden Tag: in der Familie, am Arbeitsplatz, in der Schule oder an der Uni.

Eine besondere Herausforderung ist es für viele Menschen aber tatsächlich, mit den Geschwistern in der Gemeinde Gemeinschaft zu haben. Oder, um noch einen Schritt weiterzugehen, mit Gläubigen aus anderen christlichen Gemeinschaften. Die Bibel hat hier ganz klare Worte, wie wir uns verhalten sollen:

> Endlich aber seid alle gleich gesinnt, mitleidig, voll brüderlicher Liebe, barmherzig, demütig, und vergeltet nicht Böses

mit Bösem oder Scheltwort mit Scheltwort, sondern im Gegenteil segnet, weil ihr dazu berufen worden seid, dass ihr Segen erbt!
Denn wer das Leben lieben und gute Tage sehen will, der halte seine Zunge und Lippen vom Bösen zurück, dass sie nicht Trug reden; er wende sich ab vom Bösen und tue Gutes; er suche Frieden und jage ihm nach!
1. Petrus 3,8-11

Das ist eine wichtige Stelle in der Bibel, wenn wir über die Macht der Worte sprechen, und sie geht dabei in eine ganz spezielle Richtung.

Beginnen wir mit der ersten Aufforderung, dass wir alle *gleich gesinnt* sein sollen.

Gibt es dafür überhaupt eine realistische Möglichkeit? Es gibt doch so viele Meinungen, Strömungen und Lehren! Wie oft hört man Sätze, wie: »Ja, früher galt das vielleicht. Aber heute leben wir ja in ganz anderen Zeiten.« Oder: »Ja, früher war das mal Sünde, aber heute macht das doch jeder.« Oder: »Das darf man heutzutage nicht mehr so eng sehen.« Wirklich nicht?

»Endlich aber seid alle gleich gesinnt…« – ist das überhaupt möglich? Ja, das funktioniert – über den Weg der Demut.

Demut bedeutet nicht, sich selbst klein zu machen, sondern Gott groß zu machen. Wichtig ist also nicht *mein* Wille, *meine* Meinung oder *meine* Ansicht. Im Königreich Gottes gibt es nur eine unumstößliche Meinung: Und das ist die Meinung des Königs Jesus.

EINE GLEICHE GESINNUNG ZU HABEN FUNKTIONIERT ÜBER DEN WEG DER DEMUT.

Gott ist der Schöpfer aller Dinge, derjenige, der uns geschaffen hat. Und er weiß genau, wie das Leben funktioniert. Er weiß, was uns guttut und was uns schadet. Dazu ist es natürlich notwendig, dass wir seine Meinung zu einer Sache auch kennen. Wir finden sie, wenn wir in der Bibel Gottes Wesen studieren. Wir dürfen herausfinden, wie Gott über ein Thema denkt. Und da Gott ewig und immer derselbe ist, gilt sein Wort auch heute noch genauso wie vor 2 000 Jahren. Es gibt kein jährliches Update, das den Strömungen der Zeit angepasst ist. Gottes Wort ist immer wahr und in jeder Situation gültig. Was gut ist, bleibt gut, und was Sünde ist, bleibt Sünde. Gott ändert seine Meinung nicht.

Ich möchte dich daher ermutigen, deine eigene Meinung mal beiseitezulegen und die Meinung unseres Königs neu kennenzulernen und anzunehmen. Dann wird es auch möglich, dass wir alle *eine* Meinung haben – also gleich gesinnt sind.

BEDENKE

Deine Meinung wird vergehen, meine Meinung wird vergehen, aber Jesus sagt: »Der Himmel und die Erde werden vergehen, meine Worte aber sollen nicht vergehen« (Matthäus 24,35). Jede deiner Ansichten, alles, worauf du beharrst, was du postest und verbreitest, wird vergehen und ist mit Blick auf die Ewigkeit nutzlos. Es sei denn, dass das, was du sagst, mit dem Wort Gottes übereinstimmt.

Darum sprich so, wie Gottes Wort spricht. Denke so, wie Gottes Wort denkt. Stell dich auf das, was Gott gesagt hat.

Mit Worten lieben

Im Matthäusevangelium lesen wir, wie Jesus mit seinen Jüngern zusammensitzt und sie ihn fragen: »Bitte sag uns, wann das Ende der Welt kommt!« (Matthäus 24,3). Jesus erklärt ihnen daraufhin, was noch alles geschehen wird und was die Zeichen sein werden, an denen sie das dann erkennen können. In Vers 12 steht, dass eines der Zeichen sein wird, dass in den letzten Tagen die Liebe in den meisten Menschen erkalten wird, weil Gesetzlosigkeit überhandnimmt. Die Gebote Gottes werden immer stärker missachtet werden und das Böse wird sich überall durchsetzen.

Wir leben in diesen letzten Tagen, von denen Jesus hier spricht. Umso wichtiger ist es, dass wir unser Leben darauf ausrichten, unser Herz zu bewahren und darauf zu achten, dass unser Leben voll geschwisterlicher Liebe ist. Und dass unser Mund das redet, was echter Liebe zwischen uns und anderen Raum schafft.

Darauf zu achten, dass die Liebe in deinem Herzen nicht erkaltet, ist tatsächlich eine Entscheidung in deinem Leben, die du täglich treffen kannst. Wenn du in der Liebe bleibst, hat das natürlich auch Auswirkungen darauf, wie du sprechen wirst.

WENN DU IN DER LIEBE BLEIBST, HAT DAS NATÜRLICH AUCH AUSWIRKUNGEN DARAUF, WIE DU SPRECHEN WIRST.

Unser ganzes soziales Umfeld ist darauf aufgebaut, dass wir kommunizieren. Wir alle wissen, dass nicht alle Menschen uns nur freundlich, zuvorkommend und liebevoll begegnen. Es kommt also auch darauf an, wie wir auf andere Menschen reagieren. Petrus drückt das in einem seiner Briefe so aus: »Und vergeltet nicht Böses mit Bösem oder Beschimpfung mit Beschimpfung, sondern im Gegenteil segnet, weil ihr dazu berufen worden seid, dass ihr Segen erbt!« (1. Petrus 3,9).

Auch hier geht es um die Auswirkung unseres Redens. Das, was wir aussprechen, empfangen wir wieder. Dieses Prinzip im Reich Gottes wird auch im Galaterbrief erklärt (Galater 6,7-9). Dabei geht es um Saat und Ernte. Das, was der Mensch sät, wird er auch ernten. Demnach hat das, was du aussprichst, eine Auswirkung auf dein

Leben. Wenn wir also *nicht* Böses mit Bösem vergelten oder mit Vergeltung drohen, sobald man uns beleidigt – wenn wir stattdessen die Menschen segnen, die uns lieblos begegnen, dann hat das die Folge, dass wir Segen ernten werden.

Du darfst dir bewusst sein: Mit deiner Saat hast du auch Einfluss darauf, was du erntest. Es ist deine Berufung, Segen zu erben. Du kannst diesen Segen freisetzen, indem du in Gottes Art und Weise sprichst.

Wir sehen: Eins der kleinsten Körperteile, unsere Zunge, hat mit den größten Effekt auf unseren Körper, unsere Seele und unseren Geist. Und mit ihr prägen wir auch unsere Zukunft. Deswegen: Wähle deine Worte weise!

Es gibt da einen ganz wunderbaren Weg, den wir gehen dürfen. Der Schlüssel, den du benutzen kannst, heißt:

Lieben, segnen und vergeben.

Wenn Menschen schlecht über dich reden, wenn sie dich mobben, wenn es in deiner Ehe drunter und drüber geht, wenn deine Kinder verbal gegen dich schießen oder wenn Menschen dich attackieren, dann behandle sie nicht genauso. Sondern entscheide dich für das Gegenteil. Segne sie! Du bist dazu berufen, ein Segen zu sein und Segen zu erben.

Es ist die geistliche Kraft Gottes, die dann Raum bekommt: In dem Moment, wenn Menschen dich angreifen und du beginnst, sie zu segnen, wird ein Segen im Himmel freigesetzt, der für dich bestimmt ist! Und glaube mir, wenn du anfängst zu segnen, wo andere dich fertigmachen wollen, bewegst du dich auf der Siegesstraße in diesem geistlichen Kampf! Es ist der Weg, den Jesus für uns vorausgegangen ist.

Ich erlebe das immer wieder: So, wie ich auf negative Angriffe gegen mich reagiere, kommt der Segen Gottes in mein Leben hinein – oder eben nicht. Das mag manchen von uns zu eindimensional erscheinen und als Ursache-Wirkungs-Prinzip zu kurz gegriffen. Selbstverständlich gibt es Menschen, die das in dieser Form nicht erleben.

Ich habe in meinem Leben erfahren, dass es einen Unterschied zwischen Stellung und Zustand gibt. Unsere *Stellung* in Christus ist das, was Gott uns durch sein Wort verheißen hat. Der *Zustand* ist das, was wir tatsächlich in unseren täglichen Umständen erleben und was weit weg von dem erscheint, wo wir nach Gottes Wort sein sollten. Diese Spannung zwischen Stellung und Zustand gibt es in vielen Bereichen. Deswegen ist es sehr wichtig, nicht auf einer Seite vom Pferd zu fallen.

Manche Menschen sehen nur auf die Tatsachen und andere sehen nur auf die Verheißungen. Wir müssen aber beides im Blick haben. Wir müssen diese Spannung aushalten und sie in unserem Herzen aufrechterhalten.

MANCHE SEHEN NUR DIE TATSACHEN UND ANDERE NUR DIE VERHEISSUNGEN: WIR MÜSSEN BEIDES IM BLICK HABEN!

Es ist herausfordernd, diese Wahrheit anzunehmen. Ich möchte dich aber ermutigen, dass du das Wort Gottes als Wahrheit annimmst und nicht deine Erfahrung. Weder deine noch meine Meinung ist der Maßstab aller Dinge. Du kannst auf die Stellung schauen und damit die Umstände, also deinen Zustand, verändern, hin zum Wort Gottes auf die Stellung in Jesus.

Wenn wir so vorgehen, entfliehen wir der Eindimensionalität. Das Ursache-Wirkungs-Prinzip wird im Verständnis dieser Spannung klarer und öffnet so vielleicht dem ein oder anderen einen ganz neuen Blickwinkel auf eine einfache biblische Wahrheit.

Was bedeutet Segen im biblischen Kontext?

Du bist dazu berufen, Segen zu erben – und zwar dann, wenn du segnest! Sowohl Segen als auch Fluch startet damit, dass er ausgesprochen wird. Das sehen wir im Alten Testament ebenso, wie wir im Neuen Testament sehen, dass zum Beispiel Heilungen oder Dämonenaustreibungen immer mit gesprochenen Worten einhergehen.

Um diesen Zusammenhang, um die Wirkung von Worten und Segen und Fluch zu erkennen, werden wir uns ansehen, wie Segen im biblischen Kontext zu verstehen ist. Dafür gehen wir noch mal zur Schöpfungsgeschichte zurück. Nach dem Auftrag an die Menschen, zu herrschen, heißt es, dass Gott Adam und Eva segnete und zu ihnen sprach. Das war der allererste Segen und er umfasste auch gleich die gesamte Menschheit. Der Segen, den Gott später über Abraham ausgesprochen hat, markiert die Geburtsstunde des Volkes Israel. Egal, was dieses Volk erlebt hat, was es erlitten hat, nichts konnte ihnen die Überzeugung nehmen, die von Gott Gesegneten zu sein.

Im Alten Testament waren Segen und Fluch noch gleichgestellt. Gott legte in 5. Mose 11 seinem Volk einen Segen auf der einen und Fluch auf der anderen Seite vor. Im Neuen Testament ist das Verhältnis von Segen und Fluch neu bestimmt worden. Christus hat am Kreuz den Fluch des Gesetzes auf sich genommen. Durch Jesus kann der Segen, den Gott über Abraham ausgesprochen hat, über die Grenzen des Volkes Israels hinaus wirksam werden. Und in ihm gibt es nun einen Weg, nicht mehr länger unter dem Fluch zu leben.

Aber was genau bedeutet denn eigentlich Segen? Ich habe einmal eine sehr ungewöhnliche, aber ausdrucksstarke Erklärung dazu gehört:

Alle Dinge müssen dir
zum Besten dienen,
weil du Gott liebst!
Du wirst stärker aus einer
schweren Situation
rausgehen, als du
hineingegangen bist!

Daniel Exler

Stell dir vor, du läufst einen Marathon. Du hast schon viele Kilometer hinter dir und bist am Ende deiner Kräfte. Auf den letzten Kilometern stehen dann plötzlich am Straßenrand immer mehr Menschen. Sie jubeln dir zu und feuern dich an. Sie rufen: »Super machst du das! Du schaffst es! Weiter so! Halte durch!« Alle Menschen applaudieren, jubeln und machen dir Mut. Was bewirkt das in dir? Ich bin mir sicher, dass du eine neue Kraft in dir spürst und noch einmal alle Reserven mobilisierst, um die letzten Meter ins Ziel zu laufen.

WENN WIR SEGNEN, SPRECHEN WIR GUTE WORTE AUS, DIE EINE WIRKUNG HABEN.

Ähnlich wirkt Segen. Das in der Bibel genutzte griechische Wort bedeutet: »jemandem etwas Gutes zusprechen«. Wenn wir segnen, sprechen wir gute Worte aus, die eine Wirkung haben. Sie feuern an, sie geben Kraft, sie tun gut.

Ein besonders bekannter Segen ist der, den Mose damals auf Gottes Geheiß hin an Aaron und seine Söhne weitergegeben hat. Sie sollten Israel auf eine ganz besondere Art und Weise segnen:

> Der Herr segne dich und behüte dich! Der Herr lasse sein Angesicht über dir leuchten und sei dir gnädig! Der Herr erhebe sein Angesicht auf dich und gebe dir Frieden!
> *4. Mose 6,24-26*

Segen ist etwas besonders Kostbares, das wir sowohl empfangen als auch weitergeben dürfen. Zu Abraham sagte Gott: »Ich will dich segnen und du sollst ein Segen sein« (1. Mose 12,2). So wie wir gesegnet werden, können wir auch andere Menschen segnen. Wie? Indem wir Menschen Gutes zusprechen! Mach doch mal wieder jemandem Mut. Gerade dann, wenn es keiner erwartet. Um zu dem Bild vom Marathon zurückzukommen: Manchmal können ein paar ganz einfache Worte ausschlaggebend dafür sein, dass jemand die letzten Meter bis zum Ziel durchhält.

Der Segen im Neuen Bund hat noch eine viel weitreichendere Bedeutung. Jesus Christus selbst wurde für uns zum Segen und er hat den Segen des Vaters für uns in der Fülle freigesetzt. So steht es im Brief an die Epheser: »Gepriesen sei der Gott und Vater unseres Herrn Jesus Christus! Er hat uns gesegnet mit jeder geistlichen Segnung in der Himmelswelt in Christus« (Epheser 1,3).

Das bedeutet, dass der Segen für uns nicht mehr an unseren Taten hängt oder an dem, was wir vollbringen können. Dass wir Gesegnete sind, hängt nur noch an dem, was Jesus Christus für uns getan hat und wer wir jetzt *in ihm* sind. Wir sind Kinder Gottes (nach Johannes 1,12) und seine Auserwählten, geheiligt und geliebt. Gott hat uns mit sich versöhnt und wir stehen heilig und gerecht vor Gott (nach Epheser 4,24). Wir dürfen diesen Segen empfangen, weil wir in Jesus eine neue Identität bekommen haben, und können deshalb auch aussprechen, dass wir gesegnet sind! Als Kinder Gottes können wir andere segnen, weil wir nach 1. Petrus 3,9 dazu berufen worden sind, dass wir Segen erben. Und dieses Erbe geben wir weiter, indem wir lernen zum Beispiel die zu segnen, die uns verfolgen. Das steht in Römer 12,14. »Segnet und flucht nicht.« Das kann – und soll – für alle, die Jesus nachfolgen, zum Lebensstil werden.

Es gibt so viele Möglichkeiten, wie du für andere Menschen ein Segen sein kannst. Das kann geschehen durch freundliche, liebevolle Worte, durch Finanzen und Hilfsbereitschaft anderen gegenüber. Wenn du morgens aufstehst, beginne damit, Gutes über andere Menschen auszusprechen, und frage den Heiligen Geist, was du tun kannst, um für andere Menschen ein Segen zu sein. Ich bin sicher, er wird dir viele Möglichkeiten schenken.

Wie setze ich Segen oder Gunst in meinem Leben frei?

Aber nicht nur für andere, sondern auf für dich selbst gilt dieses geistliche Prinzip des Segens. Entdecke die biblischen Schritte auch für dein eigenes Leben:

1. **Halte deinen Blick fest auf Gott gerichtet.** Den Fokus nicht zu verlieren und der Vision zu folgen, die Gott für uns hat, ist ein sehr wichtiger Schritt. In Jeremia 17,7 heißt es: »Gesegnet ist der Mann, der auf den Herrn vertraut und dessen Vertrauen der Herr ist!«
2. **Achte auf deine Ratgeber.** Psalm 1 fordert uns auf, nicht dem Rat gottloser Menschen zu folgen und nicht mit Leuten zusammenzusitzen, die über alles Heilige herziehen. Stattdessen will der Geist Gottes unser Ratgeber sein. Er hilft uns, das Wort Gottes als Wort des Lebens zu erleben. Durch ihn können wir Freude am Wort Gottes haben. Wir sollen uns immer gedanklich damit beschäftigen. Dann sind wir gesegnet.
3. **Achte auf das, was du redest.** Das hatten wir schon. In 1. Petrus 3,10 steht eine Verheißung dazu: »Denn wer das Leben lieben und gute Tage sehen will, der halte seine Zunge und Lippen vom Bösen zurück, dass sie nicht Trug reden; er wende sich ab vom Bösen und tue Gutes; er suche Frieden und jage ihm nach!« Wenn du dich heute dafür entscheiden willst, dich danach zu richten, segne ich dich in Jesu

Namen, dass es zustande kommt und du sehen wirst, wie du die Früchte dieses Segens erntest.

Gottes Segen soll sichtbar werden in deinem Körper, in deiner Seele, in deinem Geist und in allen Bereichen deines Lebens. Er soll sichtbar werden in deinem Geschäft, in deiner Ehe und in deinen Beziehungen. Das ist mein Gebet.

Als Kind Gottes lebst du in einer anderen, in einer göttlichen Dimension. Du hast andere Möglichkeiten als diese Welt. Du hast das Wort Gottes! Und dieses Wort hat eine Kraft zur Veränderung.

Die vergangene Zeit war für viele Menschen sehr heftig. Für dich vielleicht auch. Es gab Lockdowns, Abstandsregeln, Einsamkeit und finanzielle Probleme durch Kurzarbeit oder durch Geschäftsschließungen. Keiner hat mit so etwas gerechnet.

Gleichzeitig gab es während dieser Zeit Menschen, die die beste Zeit ihres Lebens hatten. Es gibt also zwei Gruppen von Menschen:

- Menschen, die unter den Umständen leben und davon abhängig sind,
- Menschen, die über die Umstände regieren.

Gott hat dich geschaffen, damit du herrschst! Du herrschst über die Umstände in erster Linie durch die Art und Weise, wie du sprichst, und dadurch, welche Worte du wählst. Gott wünscht sich, dass du diese Autorität, die er dir gegeben hat, nutzt, um für dein eigenes Leben, für die Menschen, die dir anvertraut sind, und für alle anderen ein Segen zu sein.

Worte des Todes in der Familie

Ich möchte dir ein Beispiel erzählen, das zeigt, wie real die Macht der Worte ist, wenn wir Tod aussprechen.

Als Erstes denke ich an eine Frau, die zu mir zu einem Gespräch kam. Sie war Mutter und mittlerweile auch Großmutter. Sie hatte einen Sohn, der damals, als er im Teenageralter war, sehr rebellisch war. Er brachte seine Mutter durch sein Verhalten und seine Provokationen regelmäßig zur Weißglut. Irgendwann war sie dann am Ende ihrer Kräfte und ihrer Geduld. Sie konnte diesem Verhalten einfach nichts mehr entgegensetzen. Eines Tages war eine Grenze erreicht und die Frau öffnete voller Zorn ihren Mund. Durch diesen Zorn erlaubte sie dem Teufel, dass er ihre Zunge benutzen durfte. Die Mutter regte sich derart auf, dass sie voller Hass zu ihrem Sohn sagte: »Ich wünsche dir auch einen Sohn, wie du es bist!«

Diese Worte waren gesagt, wurden dann irgendwann auch wieder vergessen. Die Situation klärte sich und mit der Zeit änderte sich das Verhalten des Sohnes. Die Beziehung von Mutter und Sohn wurde entspannt, als der Sohn erwachsen wurde. Aber die Worte von damals waren ausgesprochen und wurden auch niemals revidiert, der Streit nicht bereinigt.

Die Zeit verging, der Sohn wurde erwachsen, heiratete und wurde selbst Vater eines Sohnes. Die Frau, nun Großmutter, durfte wieder einmal babysitten. Die Eltern waren aus dem Haus und sie war alleine mit dem kleinen Jungen. Alles war gut, bis zu dem Moment, in dem irgendeine Kleinigkeit passierte. Ein Spielzeug war nicht da oder irgendetwas funktionierte nicht. Plötzlich explodierte der kleine Enkel. Er wurde genauso aggressiv wie damals sein Vater. Die Großmutter erkannte in ihrem Enkel dieselbe Aggressivität, die sie schon in ihrem Sohn gesehen hatte. Sie war geschockt!

Da erinnerte sie der Heilige Geist daran, was sie damals ausgesprochen hatte. Die Frau war tief getroffen und wusste in diesem Moment: Tod und Leben liegen in der Gewalt der Zunge! Sie tat Buße über die Worte, die sie ausgesprochen hatte, und bereinigte diese Situation aus der Vergangenheit im Namen von Jesus.

Unser Gott ist treu und gerecht. Wenn du deine Sünden bekennst, vergibt er dir alle Schuld und reinigt dich von aller Ungerechtigkeit. Das erlebte diese Frau auch. Ihr Sohn und ihre Schwiegertochter haben dann die Worte gebrochen und stattdessen Segen ausgesprochen über dem Leben des kleinen Jungen. Die Familie erlebte eine Veränderung. Das war die Lösung!

Worte des Lebens in der Familie

Natürlich fällt mir beim Thema Segen mein eigener Vater ein. Ich habe einen wunderbaren Vater! Er ist ein Mann des Wortes. Er ist ein weiser Mann, der sehr überlegt spricht und der Segen sät. Immer, wenn wir als Kinder aus dem Haus gegangen sind, hat er uns gesegnet. Immer sprach er etwas Gutes über uns aus. Er tat das, weil er wusste: Tod und Leben liegen in der Gewalt der Zunge. Ich danke ihm von Herzen für sein Investment in uns Kinder und in die Gemeinde. Für alle Worte des Lebens, die er über so viele Menschen ausgesprochen hat. Er hat gesät und die Saat führt zu einer wunderbaren Ernte. Er segnete und ich habe gesehen, wie Veränderung ermöglicht wurde, auch in meinem Leben.

Auch meine Oma war eine Frau des Glaubens. Ich liebte sie sehr. Damals als Kind stotterte ich stark. Ich hätte niemals gedacht, dass ich eines Tages vor vielen, vielen Menschen predigen würde. Pastor sein war das Letzte, das ich mir vorstellen konnte. Das ging einfach aufgrund meines Stotterns nicht. Außerdem war ich ziemlich schlecht in der Schule.

In den letzten Jahren, bevor sie dann in den Himmel heimgegangen ist, hat sie bei uns zu Hause gewohnt. Sie sah mich: Daniel, den kleinen Jungen, schlecht in der Schule und stotternd. Aber wenn sie mich anschaute, sah sie nicht die Realität, sondern sie sah die Wahrheit und den Plan Gottes in meinem Leben. Sie sagte immer zu mir: »Daniel, du wirst ein Prediger werden und du wirst gut werden in der Schule.« Am nächsten Tag kam ich wieder mit einer 5 nach Hause. Sie hat die Note gesehen. Und trotzdem sprach sie nicht nach den offensichtlichen Tatsachen, sondern im Glauben. Die Tatsache war eine schlechte Note. Aber sie sagte: »Du wirst ein Prediger werden und du wirst gut werden in der Schule.« Sie hat es immer und immer wieder ausgesprochen mit dem Wissen: Tod und Leben sind in der Gewalt der Zunge. Sie hat ihre Worte nicht nach ihren Gefühlen gerichtet und auch nicht nach meinen. Sondern sie sprach nach ihrem Glauben.

SPRICH NICHT NACH DEINEN GEFÜHLEN, SONDERN SPRICH NACH DEM, WAS GOTTES WORT SAGT.

Das gilt auch für dich. Sprich nicht nach deinen Gefühlen, sondern sprich nach dem, was Gottes Wort sagt. Meine Oma hat nie selbst erlebt, wie ich mich entwickelt habe. Aber es ist so gekommen, wie sie es über meinem Leben ausgesprochen hatte. Ich wurde gut in der Schule, habe studiert, stehe voll im Berufsleben und bin heute Prediger.

Das alles habe ich nicht erreicht, weil ich so klug bin, sondern weil der klug ist, der in mir ist: Jesus Christus! Ich predige in ganz Deutschland und im Ausland. Und das alles wurde Realität, weil meine Oma im Glauben Identität und Leben in mich hineingesprochen hat, mitten in einer Zeit, wo noch nichts davon sichtbar war. Ihre Worte hatten einen großen Einfluss auf mein Leben. Sie haben mich motiviert dranzubleiben und mich davor bewahrt, mich selbst als unendlichen Versager zu sehen. Ihre Worte haben Frucht gebracht. Sie wurden mir zum Segen.

Ich möchte dich mit diesem Zeugnis aus meinem Leben ermutigen: Vor allem solange deine Kinder klein sind und sie in deiner unmittelbaren Nähe sind, sprich Leben über ihnen aus. Sprich gute Worte, Worte des Segens. Sprich Worte von Gott in ihr Leben hinein, die du im Gebet von ihm empfängst. Seine Gedanken über die Identität jedes Menschen sind voller Zukunft, voller Leben und Hoffnung (Jeremia 29,11). Schau nicht auf die momentanen Tatsachen, sondern sprich im Glauben! Höre vom Himmel, was jeder gerade braucht, und sprich es in das Leben des Einzelnen hinein.

Stell dir vor, wie eine Begrüßung aussähe, wenn das dein Lebensstil wäre: Entweder gehst du auf jemanden zu und sagst: »Guten Tag, wie geht's?« Oder du kannst sagen: »Hallo! Du bist ein Gesegneter des Herrn! Du bist auserwählt vom Höchsten und wunderbar gemacht! Du bist ein Königskind und tief geliebt von unserem himmlischen Vater.«

Du kannst Dinge des Glaubens aussprechen und das hat eine völlig andere Dimension, als wenn du einfach nur höflich »Hallo« sagst. Nutze jede Begegnung und jede Unterhaltung und führe sie im Glauben. Fange an, Worte des Lebens über den Menschen auszusprechen – und du wirst Segen säen und ernten!

Was redest du?

Darf ich dir ein paar persönliche Fragen stellen? Es geht darum, dass du dir deine eigenen Redegewohnheiten einmal ganz ehrlich anschaust, okay? Also:

Wie redest du über deinen Ehepartner?
Wie redest du über deine Kinder?
Wie redest du über deine Gesundheit?
Wie redest du über deine Arbeitsstelle?
Wie redest du über deine Gemeinde?

Wir erinnern uns: Das, was wir aussprechen, hat eine Auswirkung auf unsere Zukunft!

Wenn es zum Beispiel in deiner Gemeinde so richtig bergab geht, hast du zwei Möglichkeiten, was du dazu sagst. Du kannst auf den Pastor schimpfen, schlimme Umstände beklagen, den Untergang voraussagen und Hoffnungslosigkeit verbreiten.

SPRICH LEBEN AUS UND DU MACHST DICH IM GEIST EINS MIT DEN GEDANKEN GOTTES ÜBER DIE SITUATION!

Oder du kannst anfangen Leben auszusprechen: »Es steht geschrieben, dass die Pforten der Hölle die Gemeinde nicht überwinden werden (nach Matthäus 16,18), und meine Gemeinde wird blühen, gedeihen und immer stärker werden. Ich ehre unseren Pastor, der ein Gesegneter des Herrn ist. Er trägt die hohe Berufung, in Autorität über die Finsternis zu herrschen, Leben zu sprechen und in Jesus verbunden Frucht, Salz und Licht in dieser Welt zu sein. Wir danken Gott für diesen Pastor, weil Gott ihn in unserer Gemeinde eingesetzt hat.«

Während du das so oder so ähnlich aussprichst, werden sich höchstwahrscheinlich deine Gefühle dagegen wehren und sagen, dass das ja nicht die Realität ist. Aber dein Geist wird jubeln! Denn du machst dich im Geist eins mit den Gedanken Gottes über die Situation. Und die gehen immer über das hinaus, was sich gerade im Sichtbaren abspielt: »Denn meine Gedanken sind nicht eure

Gedanken, und eure Wege sind nicht meine Wege, spricht der Herr« (Jesaja 55,8).

Sprich im Glauben und du wirst es erleben: Tod und Leben sind in der Gewalt deiner Zunge. Dasselbe kannst du mit allen Situationen und in allen Beziehungen tun, wo du Tod entdeckst, wo du herausgefordert bist, weiterhin einen Durchbruch Gottes zu erwarten.

Wenn du an deiner Arbeitsstelle gemobbt wirst, dir die Arbeit keinen Spaß macht, du in einer Ehe lebst, die nicht einfach ist, du mit Freunden oder Kindern in verfahrenen Situationen steckst – vergiss nicht, was das Wort Gottes sagt: »Nun aber bleiben Glaube, Hoffnung, Liebe, diese drei; aber die Liebe ist die größte unter ihnen« (1. Korinther 13,13).

Sprich also voller Glauben, voller Hoffnung und voller Liebe in schwierige Situationen hinein und das wird bleiben.

Eines der präsentesten Themen zurzeit ist das Thema Gesundheit. Was sprichst du über deine Gesundheit? Die meisten Menschen sprechen über das Corona-Virus. Manche voller Sorge, manche voller Zorn, manche voller Angst. Du sollst eins wissen:

> Denn das Gesetz des Geistes des Lebens in Christus Jesus hat dich frei gemacht von dem Gesetz der Sünde und des Todes.
> *Römer 8,2*

Also sprich im Glauben und sprich nicht die Dinge der Welt! Ich möchte dich ermutigen, dass du den Kopf nicht in den Sand steckst, sondern dich aufrichtest und anfängst zu herrschen. Wie? Mit deinen Worten, mit deinem Mund, mit dem, was du sagst!

Ich musste im vergangenen Jahr bereits diverse Corona-Tests machen, da ich viel reise. Dadurch, dass ich mit vielen Menschen zusammenkomme, ist die Wahrscheinlichkeit, positiv getestet zu werden, ziemlich hoch. Also habe ich vor jedem Abstrich gebetet: »Ich werde keinen Schaden nehmen und in Jesu Namen wird das Ergebnis negativ sein, denn das Wort sagt: ›Geht hin in alle Welt und predigt das Evangelium.‹ Damit ich überhaupt das Evangelium dort predigen kann, brauche ich einen negativen Test, sonst kann ich gar nicht erst fliegen.« Ich habe mich also auch hier auf Römer 8,2 gestellt und proklamiert, dass das Gesetz des Geistes des Lebens mich frei gemacht hat vom Gesetz der Sünde und des Todes.

Wir sehen viel, wie Menschen, Behörden und so weiter nach dem Gesetz des Todes über Corona sprechen. Aber das Gesetz des Geistes, das Gesetz des Lebens in Christus Jesus, steht über dem Gesetz des Todes. Das können wir nur im Glauben ergreifen und wir müssen es mit unserem Mund aussprechen.

So wie er Bartimäus fragte, fragt Jesus auch dich, wenn es um deine Gesundheit geht: »Was soll ich für dich tun? Dir geschehe nach deinem Glauben.«

Lerne, im Glauben zu sprechen

Die Mächte der Finsternis achten sehr genau darauf, was du als Königskind aussprichst. Jesus Christus selbst hat dir Autorität gegeben. Diese Autorität hast nur du als Kind Gottes.

> Siehe, ich gebe euch die Vollmacht, auf Schlangen und Skorpione zu treten, und über alle Gewalt des Feindes; und nichts wird euch in irgendeiner Weise schaden.
> *Lukas 10,19*

Nichts – wirklich gar nichts – darf dir schaden! Was kannst du dazu tun? Jakobus erklärt es uns: Achte auf deine Zunge.

> Mit ihr preisen wir den Herrn und Vater, und mit ihr fluchen wir den Menschen, die nach dem Bild Gottes geschaffen worden sind. Aus demselben Mund geht Segen und Fluch hervor. Dies, meine Brüder, sollte nicht so sein! Die Quelle sprudelt doch nicht aus derselben Öffnung das Süße und das Bittere hervor? Kann etwa, meine Brüder, ein Feigenbaum Oliven hervorbringen oder ein Weinstock Feigen? Auch kann Salziges nicht süßes Wasser hervorbringen.
> *Jakobus 3,9-12*

Es ist eigentlich ganz einfach. Stell dir vor, du kommst aus dem Gottesdienst. Du hast gerade noch Gott gelobt und deinem Sitznachbarn ein »Preis dem Herrn! Gott ist so wunderbar!« zugerufen. Dann bist du auf dem Nachhauseweg und schimpfst beim Heimkommen auf deinen Nachbarn. Gerade noch hast du Loblieder gesungen und lästerst fünf Minuten später beim Verlassen der Gemeinde über deinen Pastor. Es gibt so viele Beispiele dafür. Aus demselben Mund geht Segen und Fluch hervor. Das darf einfach nicht sein.

JESUS SAGT, DASS ES BERGE IN DEINEM LEBEN GEBEN WIRD, DIE DU VERSETZEN DARFST. WIE? INDEM DU IM GLAUBEN SPRICHST.

Halte dich lieber in allem, was du sprichst, an folgenden Vers: »Alles aber, was nicht aus Glauben ist, ist Sünde« (Römer 14,23b).

Das ist einer meiner Lieblingsbibelverse. Hier steht: »*Alles*, was du tust … *Alles*, was du sagst …« Ich möchte dich ermutigen: Wenn du deinen Mund aufmachst, um etwas zu sagen, dann tu es aus Glauben. Sprich aus Glauben oder schweig.

Lass niemals zu, dass du aufgrund von destruktiven Gefühlen wie Zorn, Eifersucht oder Wut sprichst. In solchen Situationen ist es eindeutig besser, den Mund geschlossen zu halten und keinen Ton herauszulassen. Es ist besser für dich, besser für deine Umgebung und besser für deine Zukunft.

Wie kannst du also aus Glauben sprechen?

> Wahrlich, ich sage euch: Wer zu diesem Berg sagen wird: Hebe dich empor und wirf dich ins Meer!, und nicht zweifeln wird in seinem Herzen, sondern glauben, dass geschieht, was er sagt, dem wird es werden.
> *Markus 11,23*

Jesus sagt hier, dass es Berge in deinem Leben geben wird, die du versetzen darfst. Berge, die du bewegen kannst. Wie? Hier steht es: indem wir zu den Bergen *im Glauben sprechen*!

Um das einmal ganz klar zu sagen: Hier steht nicht: »Wenn du über den Berg heulen wirst oder mit jemandem telefonieren und über den Berg reden wirst …« Oder: »Wenn du Trübsal bläst oder Nachrichten über den Berg schreibst …« Nein! Die Verheißung tritt ein, wenn du zu diesem Berg sprechen wirst! Dann zweifle nicht und glaube, dass geschieht, was du gesagt hast!

SPRICH ES AUS:

In meinem Haus hat keine Depression Platz!
In meinem Haus hat keine Armut Platz!
In meinem Haus hat keine Krankheit Platz!
In meinem Haus hat keine Zerstörung Platz!
In Jesu Namen!

Erkläre nicht immer allen Menschen, wie groß dein Problem ist, sondern erkläre dem Problem, wie groß dein Gott ist. Und dann zweifle nicht, sondern glaube auch, dass geschieht, was du sagst.

Gott hat dir eine Verheißung gegeben. Nimm sie für dich in Anspruch und handle danach. Es wartet eine gute Zukunft auf dich. Es wartet ein Leben auf dich, das du lieben kannst. Du wirst gute Tage sehen. Sage Jesus, dass du das erleben willst, und denke daran, was wir zusammen gelesen haben:

> Denn wer das Leben lieben und gute Tage sehen will,
> der halte seine Zunge und Lippen vom Bösen zurück,
> dass sie nicht Trug reden; er wende sich ab vom Bösen
> und tue Gutes; er suche Frieden und jage ihm nach!
> *1. Petrus 3,10-11*

Ich möchte dich ermutigen, regelmäßig das Wort Gottes laut auszusprechen. Als Hilfestellung findest du hier eine Proklamation. Worte, die du täglich aussprechen kannst und deren Auswirkungen du in deinem Leben sehen wirst.

Ein gutes, tägliches Bekenntnis

Ich bekenne mit meinem Mund den Herrn Jesus und glaube in meinem Herzen, dass Gott ihn von den Toten auferweckt hat. Deshalb bin ich gerettet. *Römer 10,9-10*

Wenn jemand in Christus ist, der ist eine neue Schöpfung. Das Alte ist vergangen, siehe, es ist alles neu geworden. Ich bin in Christus. Ich bin ein neues Geschöpf. Ich habe einen neuen Vater im Himmel! Ich habe ein neues Leben, ein ewiges Leben! Ich habe eine neue Bürgerschaft, und die ist im Himmel. *2. Korinther 5,17*

Ich lebe in einer neuen Sphäre. Ich bin errettet aus der Gewalt der Finsternis und versetzt in das Reich des Sohnes seiner Liebe. In dem geliebten Sohn bin ich angenommen. Mein Name steht im Buch des Lebens. *Kolosser 1,13*

Ich habe neue Kraft! Ich habe Gewalt, auf Schlangen und Skorpione zu treten, und über die ganze Kraft des Feindes, und nichts soll mir schaden! *Lukas 10,19*

Ich habe Gewalt über alle Dämonen, um sie auszutreiben. Ich kann den Schwachen die Hände auflegen und sie werden gesund werden. *Markus 16,18*

Ich bin mehr als ein Überwinder durch Jesus Christus. *Römer 8,37*

Durch Christus vermag ist alles: Egal, welche Umstände mich umgeben, ich bin gesegnet und befähigt zu leben.

Ich bekenne die vielen Segnungen von Golgatha.
Philipper 4,12-13

Ich spreche mit Psalm 103 über meinem Leben aus: Alle meine Sünden sind vergeben! Alle meine Krankheiten sind geheilt. Mein Leben wird erhalten und ist stark in Gott! Ich werde gekrönt mit seiner Güte!

Preise den Herrn, meine Seele, und all mein Inneres seinen heiligen Namen! Preise den Herrn, meine Seele, und vergiss nicht alle seine Wohltaten! Der da vergibt alle deine Sünde, der da heilt alle deine Krankheiten. Der dein Leben erlöst aus der Grube, der dich krönt mit Gnade und Erbarmen. Der mit Gutem sättigt dein Leben. Deine Jugend erneuert sich wie bei einem Adler.
Psalm 103,1-5

Ich bekenne, dass ich keine Angst habe, denn die Liebe von meinem Vater im Himmel breitet sich immer mehr in mir aus!
1. Johannes 4,18

Auch wenn ich durch ein Tal von Tod, Leid oder Krankheit gehe, fürchte ich kein Unheil. Ich fürchte mich nicht, denn du bist mit mir. Ich schaue nicht ängstlich umher, denn du bist mein Gott. Du hilfst mir, du stärkst mich, du stützt mich mit der Rechten deiner Gerechtigkeit.
Psalm 23,4; Jesaja 41,10

Gott hat mir keinen Geist der Furchtsamkeit gegeben, sondern seinen Heiligen Geist. Der Geist der Kraft und der Liebe und der Besonnenheit lebt in mir! Ich habe den Geist der Kraft in mir! Ich habe den Geist der Liebe in mir! Ich habe den Geist der Besonnenheit in mir! *2. Timotheus 1,7*

Über mir ist das Blut des Lammes! Der Herr geht vor mir her. Jesus ist in mir. Der Engel des Herrn umgibt mich. Unter mir sind die ewigen Arme Gottes. Und Güte und Barmherzigkeit folgen mir an allen Tagen meines Lebens *Psalm 23,6.*

Halleluja! Die Angst hat keinen Platz in meinem Leben. Ich bekenne, dass dies ein guter Tag ist, denn Gott hat ihn gemacht! *Psalm 118,24*

Heute bin ich geheilt! Heute bin ich von der Liebe Gottes erfüllt! Heute bin ich mit der Freude des Herrn erfüllt! Heute bin ich mit dem Frieden Gottes erfüllt! Heute bin ich mit der Weisheit Gottes erfüllt! Heute bin ich mit dem Heiligen Geist erfüllt! All dies gehört mir heute!

Ich bekenne heute, dass ich jemandem helfen will, die Gnade und Barmherzigkeit Gottes zu finden. Ich will mich heute freuen, dass der Himmel mein Zuhause ist. Ich will mich freuen, dass meine ganze Familie in die Familie des Herrn kommt!

Dies ist mein Bekenntnis! Ich bekenne es mutig vor Satan, vor den Engeln, vor dem Herrn Jesus und vor Gott, meinem Vater. In Jesu Namen danke ich dir, Vater, dass ich das, was ich sage, habe!

Mein Bekenntnis steigt vor dir auf und ist auf deinem Wort gegründet! Jesus ist der Hohepriester meines Bekenntnisses. *Amen.*

10

Verlass den Hühnerstall und werde ein Adler

MARIA PREAN UND DANIEL EXLER

Es gibt Menschen, die verhalten sich wie ein Huhn. Sie werden von Angst herumgejagt, gackern und meckern, scharren im Sand und sind eigentlich geboren für die »Bratpfanne«. Aber Gott möchte, dass wir aus der Mentalität eines Huhnes herauskommen und hineinkommen in das Wesen eines Adlers.

Es gibt dazu eine wirklich schöne Geschichte, die wir dir gern erzählen möchten:

Deine Wahl – Adler oder Huhn?[7]

Ein Bauer ging in einen Wald, um nach einem Vogel zu suchen, den er mit nach Hause nehmen könnte. Er fing einen jungen Adler, brachte ihn heim und steckte ihn in den Hühnerstall zu den Hennen, Enten und Truthähnen. Er gab ihm Hühnerfutter zu fressen, obwohl er ein Adler war, der König der Vögel.

Fünf Jahre später bekam der Bauer Besuch von einem naturkundlichen Mann.

Als sie zusammen durch den Garten gingen, sagte sein Gast:
»Der Vogel dort ist kein Huhn, er ist ja ein Adler!«
»Ja«, sagte der Bauer, »das stimmt.
Aber ich habe ihn zu einem Huhn erzogen.
Er ist jetzt kein Adler mehr, sondern ein Huhn,
auch wenn seine Flügelspanne drei Meter beträgt.«
»Nein«, widersprach der andere. »Er ist noch immer ein Adler, denn er hat das Herz eines Adlers. Und das wird ihn hoch hinauffliegen lassen in die Lüfte.«
»Nein, nein«, antwortete der Bauer. »Er ist jetzt ein richtiges Huhn und wird niemals wie ein Adler fliegen.«
Daraufhin beschlossen sie, eine Probe zu machen.
Der naturkundliche Mann nahm den Adler,
hob ihn in die Höhe und sagte beschwörend: »Der du ein Adler bist, der du dem Himmel gehörst und nicht dieser Erde:
Breite deine Schwingen aus und fliege!«
Der Adler saß auf der hochgestreckten Faust
und blickte um sich. Hinter sich sah er die Hühner nach ihren Körnern picken, und er sprang zu ihnen hinunter.
Der Bauer sprach belustigt: »Ich habe dir gesagt,
er ist ein Huhn.«
»Nein«, sagte der andere, »er ist ein Adler.
Ich versuche es morgen noch einmal.«
Am nächsten Tag stieg er mit dem Adler auf das Dach des Hauses, hob ihn empor und sagte: »Adler, der du ein Adler bist, breite deine Schwingen aus und fliege!«
Aber als der Adler wieder die scharrenden Hühner
im Hof erblickte, sprang er abermals zu ihnen hinunter
und scharrte mit ihnen in der Erde.
Da sagte der Bauer wieder, überzeugter denn je:
»Ich habe dir gesagt, er ist ein Huhn.«

»Nein«, beharrte der andere, »er ist ein Adler
und hat noch immer das Herz eines Adlers.
Lass es uns noch ein einziges Mal versuchen.
Morgen werde ich ihn fliegen lassen.«
Am nächsten Morgen erhob er sich früh, nahm den Adler und brachte ihn hinaus aus der Stadt, weit weg von den Häusern an den Fuß eines hohen Berges. Die Sonne stieg gerade auf, sie vergoldete den Gipfel des Berges. Jede Zinne erstrahlte in der Freude eines wundervollen Morgens.
Er hob den Adler hoch und sagte zu ihm: »Adler, der du ein Adler bist. Du gehörst dem Himmel und nicht dieser Erde. Breite deine Schwingen aus und fliege!«
Der Adler blickte umher, erzitterte, als erfülle ihn neues Leben – aber er flog nicht. Da ließ ihn der naturkundliche Mann direkt in die Sonne schauen. Und plötzlich breitete er seine gewaltigen Flügel aus, erhob sich mit dem Schrei eines Adlers, flog höher und höher und kehrte nie wieder zurück.

Wir sind geschaffen nach dem Ebenbild Gottes, aber Menschen haben uns gelehrt, wie Hühner zu denken und zu handeln. Und so denken wir, wirklich Hühner zu sein, obwohl wir doch Adler sind.

Breite deine Schwingen aus und fliege! Fliege hoch hinaus, denn der Himmel ist endlos und die Welt liegt dir zu Füßen. Und gib dich nie zufrieden mit den hingeworfenen Körnern.

Wir sollen fliegen wie Adler

Wie der Adler sein Nest aufstört, über seinen Jungen schwebt, seine Flügel ausbreitet, sie aufnimmt, sie trägt auf

seinen Schwingen, so leitete ihn der Herr allein,
und kein fremder Gott war mit ihm.
5. Mose 32,11-12

In diesem herrlichen Lied von Mose wird Gott mit einer fürsorglichen Adlermutter verglichen, der die Jungen voll vertrauen können. Und das auch während der unheimlichen Erfahrung, wenn sie das Fliegen lernen müssen.

Die Adlermutter bereitet anfangs ein bequemes Nest für ihre Jungen. Sie polstert es sogar aus mit den Federn ihrer eigenen Brust. Ihr von Gott gegebener Instinkt, der sie das sichere Zuhause bauen lässt, drängt sie später aber auch, die kleinen Adler weiterzuführen. Denn sie sind zum Fliegen gemacht und die Adlermutter will es nicht versäumen, ihnen das beizubringen. Nur so werden sie zu dem, wozu sie bestimmt sind.

Während ihrer Zeit im Nest können die kleinen Adler ihre Muskeln trainieren, indem sie immer wieder kräftig mit den Flügeln schlagen. Eines Tages dann zerstört die Adlermutter die Zweige des Nestes und macht es somit zu einem unbequemen Ort. Überall pikst es und nirgends kann man sich mehr gemütlich einkuscheln. Dort sitzt dann das Kleine am Rand des Adlerhorstes und wird plötzlich von der Mutter aus dem Nest geworfen! Im freien Fall denkt der kleine Vogel: »Hilfe! Wo ist jetzt meine Mama? Ich werde sterben!« Die Angst wird immer größer und der Fall ins Bodenlose immer schneller.

Aber die Mutter ist natürlich nicht weit weg. Wenn die Jungen die Kraft zum Fliegen noch nicht selbst finden, gleitet sie heran und fliegt unter das flatternde Junge. Es landet sanft auf den starken Flügeln der Mutter. Diese Übung wiederholt sich, bis jedes der Adlerkinder fähig ist, allein zu fliegen und sie nicht mehr auf die Unterstützung der Mutter angewiesen sind.

Hast du auch Angst vor dem freien Fall, weil du nicht weißt, wo und wie hart du landen wirst? Denke daran: Auch Gott will unter dich fliegen und seine ewigen Arme ausbreiten. Du kannst nie tiefer fallen als in die Arme Gottes. Aber er möchte, dass du das Fliegen lernst. Und Fliegen lernt man nur durchs Fliegen.

Warum also verhalten sich trotzdem so viele Menschen wie ein Huhn? Warum fehlen ihnen die Eigenschaften eines Adlers? Warum fliegen sie nicht?

Die Antwort ist, dass sie sich ihrer Adlermentalität nicht bewusst sind. Sie sind kraftlos und müde. Aber Gott möchte uns mit den Verheißungen, die er uns in seinem Wort gegeben hat, aus diesem Zustand herausholen. Er möchte, dass wir neue Kraft bekommen, indem wir unsere Hoffnung auf ihn setzen. Wir sollen nicht mehr müde werden, wir sollen laufen, ohne erschöpft zu sein:

> Aber die auf den Herrn hoffen, gewinnen neue Kraft;
> sie heben die Schwingen empor wie die Adler, sie laufen
> und ermatten nicht, sie gehen und ermüden nicht.
> *Jesaja 40,31*

Wenn wir auf Gott schauen, auf ihn allein, dann können wir unsere Flügel ausbreiten und fliegen wie Adler. Was für eine wunderbare Verheißung für jeden Einzelnen von uns!

Ist es nicht großartig, dass das in jeder Situation für uns gilt? Auch im Neuen Testament bestätigt Paulus diese Tatsache nochmals im Brief an die Korinther:

> Deshalb ermatten wir nicht, sondern wenn auch unser
> äußerer Mensch aufgerieben wird, so wird doch der innere
> Tag für Tag erneuert.
> *2. Korinther 4,16*

Es ist egal, was um uns herum in der Welt los ist. Auch kommt es nicht darauf an, wie es in deinem persönlichen oder beruflichen Umfeld abgeht. Es geht einzig und allein darum, dass wir erkennen, dass Gott in uns diese innere Erneuerung Tag für Tag bewirken will.

Wo willst du leben?

Dazu braucht es eine Entscheidung: Wo willst du leben? Fühlst du dich wohl im Hühnerstall?

Wie oft machen wir uns gar keine Gedanken darum, wo wir uns geistlich aufhalten. Wir haben das so gelernt. Das war schon immer so. »Hier bin ich geboren und hier werde ich sterben.« Woran liegt es nur, dass wir Menschen vieles einfach so hinnehmen, obwohl wir todunglücklich damit sind? Woran liegt es nur, dass so wenige Menschen sich bzw. ihre Umstände und Sichtweisen ernsthaft infrage stellen?

Wir möchten dir Mut machen, über den Zaun des Hühnerstalles zu schauen und dir zu überlegen, wo du wirklich hingehörst. In dich ist bereits die Mentalität des Adlers hineingelegt. Dein Schöpfer hat dich so gemacht. Wenn du ein Kind Gottes bist, lebt er selbst in dir, und das schließt die Hühnermentalität aus.

SCHAU DOCH MAL ÜBER DEN ZAUN DES HÜHNERSTALLES UND ÜBERLEGE DIR, WO DU WIRKLICH HINGEHÖRST.

Vielleicht wurdest du auf deinem Weg entmutigt, die Freude wurde dir geraubt. Aber Gott selbst hatte dir diese Freude ins Herz gelegt und er wünscht sich nichts mehr, als dass du diese Freude wieder empfängst und sie dir nicht mehr nehmen lässt. Egal, was Leute sagen oder welche Nachrichten du bekommst. Egal, was um dich herum geschieht. Lass dir die Freude nicht stehlen! Als Adler kannst du dich dafür entscheiden, dass du in dieser Freude lebst.

Wenn du dich für ein Leben als Adler entscheidest, hat das Auswirkungen auf deine Gaben, deine Berufung und deine Vision. Gott hat Gnadengaben in dein Herz gelegt, die du durch deine Entscheidung wieder anfachen kannst. Dazu gehört auch die Entscheidung, das anzunehmen, was Gott für dich vorbereitet hat. Er hat verheißen, dass, wenn jemand in Christus ist, er eine neue Schöpfung ist; dass das Alte vergangen und Neues geworden ist!

Das, was vorher war, ist vorbei und etwas völlig Neues beginnt, wenn du dich für ein Leben als Adler entscheidest. Aber: Ein Adler, der mit einer Kette am Boden gehalten wird, kann auch nicht fliegen. Deshalb ist es so wichtig, alle Ketten zu lösen, wenn du ein Adler sein willst. Es gilt also, alles zu lösen, was dich niederdrückt, was dich belastet und zurückhält.

Vielleicht trägst du schon viele Jahre eine Schuld mit dir herum. Vielleicht wurdest du falsch behandelt und die Wunde, die dir zugefügt wurde, heilt nicht. Das ist ein Zustand, der uns daran hindert, frei und schwerelos in den Himmel aufzusteigen. Aber Jesus selbst hat uns den Ausweg gezeigt. Er möchte nicht, dass du niedergedrückt lebst. Er bietet dir Vergebung an. Nimm sie an, vergib dir selbst und vergib denen, die dich verletzt haben. Das Alte *ist* vergangen – etwas ganz Neues wartet auf dich.

Gehen wir davon aus, dass du diesen Schritt gegangen bist. Du hast alles gelöst und vergeben und möchtest lernen, ein Adler zu sein. Anfangs bist du vielleicht in einer Gemeinde, in der du als neugeborener Christ, als Adlerkind, von allen Seiten umsorgt wirst. Jeder kümmert sich um dich. Du bekommst mundgerechte Happen zu essen und alle sind nett und freundlich. Dir wird gesagt, dass Gott dich liebt; wie wunderbar er dich gemacht hat. Dein Vertrauen zu Gott wächst und dein Glaube wird immer mehr gestärkt. Du kannst dich einfach fallen lassen und wirst von allen Seiten gehalten. Du hast es richtig bequem und das Gefühl, voll in deiner Berufung zu sein. Das ist das Leben, das du dir gewünscht hast. Halleluja!

Doch dann beginnt die Adlermutter plötzlich damit, den Horst ungemütlich zu machen, um dafür zu sorgen, dass die Adlerkinder fliegen lernen. Es wird immer unangenehmer im Nest. Es beginnt zu piksen. Ab und an wird man geschubst und dann bekommst du auch noch gesagt, du sollst jetzt selbst mal versuchen zu fliegen.

Du kannst das nicht verstehen, aber es ist so wichtig! Nur wenn wir selbst fliegen können, sind wir fähig, als Adler zu leben. Und nur dann kannst du auch die Schönheit, die Weite, die Freiheit und die Geborgenheit erleben, die ein Huhn nicht einmal erahnen kann. Deshalb tu das, was du im Nest üben konntest. Breite deine Flügel aus und lass dich vom Wind tragen. Fliege! In diesem Moment wird sich dein Leben verändern. Es beginnt eine völlig neue Zeit. Du kannst das! Gott hat dich dazu geschaffen. Du wirst selbstständig und bist nicht mehr auf die Versorgung anderer angewiesen. Du kommst in die Reife hinein, für dich selbst zu sorgen und deinen Weg mit Gott zu gehen. Nichts wird mehr sein wie vorher, denn du bist auf dem Weg in deine Bestimmung.

Wo willst du also leben?

Vielleicht denkst du, dass das alles ja ganz gut klingt, aber du dir trotzdem nicht sicher bist, wo du eigentlich hingehörst. Dann möchten wir dir dabei helfen, dich ein Stück mehr selbst zu erkennen, um dann eine gute Entscheidung treffen zu können.

Bist du ein Huhn oder ein Adler?

Lass uns also einen kurzen Vergleich anstellen: Huhn vs. Adler – welche Eigenschaften unterscheiden die beiden?

So verhalten sich Hühner	So verhalten sich Adler
Ein Huhn sagt: »Das kann ich mir nicht leisten.«	Ein Adler überlegt sich, *wie* er sich etwas leisten kann. *Bist du mit dem zufrieden, was du hast, auch wenn es nur Staub und Dreck ist, oder hast du ein Ziel, das du erreichen möchtest? Welche Gedanken machst du dir dazu? Wie groß ist deine Motivation?*
Hühner erzählen sich gegenseitig ihre negativen Erlebnisse. Sie halten zu diesem Zweck sogar spezielle Hühnerversammlungen ab. Alle Krankheiten werden ausgebreitet. Jede Verletzung, die ihnen zugefügt wurde, wird ausgiebig beschrieben. Sie sehen auch keinen Ausweg aus dem ganzen Dilemma.	Adler sind wahre Optimisten. Sie berichten überwiegend positive Dinge. Sie erleben auch vieles von dem, was sich die Hühner ausgiebig erzählen. Aber sie haben eine andere Perspektive! Sie entscheiden sich, das Positive in den Fokus zu nehmen und auszusprechen. Sie sind sich bewusst, dass ihre Worte eine große Auswirkung auf das haben, was sie erleben und bewirken. Wenn sie sich treffen, halten sie gemeinsam hoch, was Gott schon getan hat und was er fähig ist zu tun! Adler kennen die Verheißungen Gottes und sprechen sie aus.
Hühner tun nur das Nötigste – und oft noch nicht einmal das. Es ist ihnen einfach zu viel.	Adler dagegen gehen auch die Extra-Meile. Sie tun mehr, als irgendjemand von ihnen erwarten könnte. Sie sind bereit alles zu geben für den Einen, der alles für sie zu geben bereit war – für Jesus Christus.

Hühner arbeiten langsam. Ihr Arbeitsmotto lautet: Ich bin hier bei der Arbeit und nicht auf der Flucht. Das klingt zwar erst einmal lustig, ist es aber natürlich nicht.	Adler erledigen alles so schnell wie möglich und doch sorgfältig. Wir dürfen uns dessen bewusst sein, dass unser wahrer Chef Jesus ist. Alle Arbeit, die wir tun, tun wir für ihn und für niemanden sonst. Was ist uns das wert?
Hühner wissen immer alles besser und finden Gründe, um nichts zu tun. *Wir erleben das immer wieder auch in unserem Umfeld: Es gibt Menschen, die wirklich an allem etwas auszusetzen haben, die einfach alles besser wissen. Und nachdem sie dann an allem rumgemäkelt haben, können sie haarklein begründen, warum sie jetzt aber trotzdem nichts tun werden. Das erstaunt uns immer wieder.*	Adler sind lernbereit und tun einfach, was nötig ist. *Auch diese Menschen stoßen auf Gegebenheiten, die neu für sie sind. Es werden vielleicht Dinge von ihnen erwartet, die sie noch nie tun mussten. Aber sie sind ihr Leben lang offen zu lernen. Sie nehmen mit Freuden Hilfestellung von erfahrenen Personen an und sind dann bereit, ihren Teil zu tun. Wo Menschen mit dieser Einstellung zusammentreffen, kann richtig etwas bewegt werden.*
Hühner finden Ausreden.	Adler finden Lösungen. Sie stützen sich auf die Verheißung von Jesus, dass alles bereits vollbracht ist und dass wir nur noch die Werke tun müssen, die er schon für uns vorbereitet hat. Gibt es also unlösbare Probleme? Nein. Für Gott ist nämlich nichts unmöglich.
Hühner gehen kein Risiko ein. Sie sind gefangen in Angst. Sie wollen niemals hinter den Zaun schauen, geschweige denn sich zu weit vom sicheren Stall entfernen.	Adler haben auch Angst, aber sie handeln trotzdem. Sie sind mutig und lassen sich nicht davon abhalten, das zu tun, was dran ist. Sie wissen, dass Gott mit ihnen ist und dass sie sich auf ihn verlassen können.
Hühner arbeiten von morgens zehn bis abends sechs. Sie tun das Nötigste, und das auch nur, solange es sein muss.	Adler arbeiten oft von morgens sechs bis abends zehn. Sie sind bereit, alles zu tun, was möglich ist. Und doch werden sie nicht ausbrennen, denn sie holen sich ihre Kraft immer wieder frisch bei Gott.

Hühner suchen in jeder Chance die Probleme. *Das ist ein wichtiger Punkt. So oft eröffnen sich Chancen. Statt aber zuzugreifen, zerreden Menschen das Ganze so sehr, dass nichts mehr davon übrig bleibt und die Chance ungenutzt an ihnen vorübergeht. Wie reden wir über unser Umfeld, die Politik oder unsere Gesundheit? Hocken wir in der Hühnerversammlung? Oder sind wir wie die Adler?*	Ein Adler erkennt in jedem Problem die Chance. *Von diesen Adlern gibt es nicht viele. Sie schweben über den Problemen. Sie sehen sie, aber durch die andere Perspektive sehen sie auch die Chance! Mitten in den Problemen können sie erkennen, was man hier Positives herausziehen kann.*
Hühner reden schlecht über andere Menschen und fühlen sich selbst dadurch besser. Das ist so eine traurige Angewohnheit. Leider animieren sie sich gegenseitig in ihren Hühnerversammlungen dazu.	Adler reden positiv über andere oder sie schweigen. *Wenn ich, Daniel, zum Beispiel gefragt werde, welche Meinung ich zu dem Verhalten eines anderen Menschen habe, steht für mich fest: Entweder sage ich nichts oder ich suche etwas Positives, das ich hier sagen könnte. Ich bin mir einfach der Tatsache bewusst, was meine Worte ausrichten können. Aus dem Mund eines Menschen mit Adlermentalität kommt Ermutigung, Leben, Liebe und Auferbauung – oder er schweigt.*
Hühner brauchen meist lange, um eine Entscheidung zu treffen. Kurz danach beginnen sie zu zweifeln und werfen alles schnell wieder über den Haufen. Da ihre Entscheidung meistens von der Meinung anderer abhängig ist und ohne wirkliche Grundlage getroffen wurde, wird sie schneller, als man schauen kann, wieder infrage gestellt.	Adler entscheiden schnell, weil ihre Werte klar sind und sie ihrer Intuition – oder dem Heiligen Geist – vertrauen. Adler haben ein Ziel. Sie haben Werte, die sie niemals aufgeben werden. Damit sind viele Entscheidungen schon klar, ohne dass viel darüber nachgedacht werden muss. Und da diese absolute Klarheit herrscht, stehen diese Entscheidungen auch hinterher fest. Ein Adler weiß, er ist berufen zu höheren Dingen.

Hühner konzentrieren sich auf Probleme und gackern.	Adler konzentrieren sich auf Lösungen und handeln. *Worauf schaust du? Auf das Problem oder auf die Lösung?*
Hühner erinnern sich noch nach Jahren an das Unrecht, das ihnen angetan wurde. Durch dieses Kreisen um immer dieselben Dinge werden die Hühner auf dem Boden gefangen gehalten. Sie können ihren Blick gar nicht nach oben wenden.	Ein Adler vergibt. Ganz einfach. Um die Freiheit erleben zu können, die Gott für uns vorgesehen hat, müssen wir vergeben. Damit ist der Weg frei und wir können unseren Blick in die Sonne richten – auf Jesus. Und können mit dem Wind des Geistes abheben und fliegen!
Hühner warten darauf, dass sie gefüttert werden. Wenn sie nicht genug bekommen, beginnen sie, laut zu gackern. *Manche Menschen leben in der Anspruchshaltung von Hühnern: Sie haben das Gefühl, ihr Pastor kümmert sich nicht genug um sie oder der Hauskreisleiter schenkt ihnen nicht genug Aufmerksamkeit. Sie denken, der Ehepartner könnte sich mehr um sie bemühen und ihre emotionalen Bedürfnisse erfüllen. Sie meinen, ihr Arbeitgeber sollte seiner Pflicht ihnen gegenüber mehr nachkommen, indem er ihnen einen besser ausgestatteten Arbeitsplatz bietet oder »angenehmere« Rahmenbedingungen schafft usw.*	Adler übernehmen die volle Verantwortung für ihr Leben und holen sich, was sie brauchen. Oder sie bitten um Hilfe, wo es nötig ist. Sie sind diejenigen, die nicht in einer Anspruchshaltung leben, sondern selbst geben können, weil Überfluss da ist! Sie erkennen die Bedürfnisse anderer und erfüllen sie. Sie ermutigen. Sie schenken Aufmerksamkeit. Sie »füttern« andere Menschen, um diese stark zu machen. Adler sind ein Segen. *Und damit kommt ein geistliches Gesetz zur Erfüllung. Es heißt: »Wer gibt, dem wird gegeben werden.« Alles, was so ein Adler gibt, wird der himmlische Vater ihm zurückgeben und noch mehr. Wenn wir uns also als Adler entscheiden, zu geben, zu segnen, andere zu versorgen, und nicht auf andere hoffen, dass sie uns etwas zurückgeben, dann wird Gott selbst uns überschütten mit seinem Segen.*

Hühner müssen lieben, was sie haben. Ihren Stall, ihren Freilauf, ihren Zaun und ihre Wasserstelle. Mehr ist da nicht und mehr gibt's auch nicht. Sie wollen sich um nichts anderes bemühen.	Adler erarbeiten sich auch mal, was sie lieben! Alles ist möglich für den, der da glaubt! Sie fahren auf und fliegen in eine Ebene des Glaubens, wo ihr Blick viel weiter reicht. Wo sie das sehen, was Gott für sie vorbereitet hat. Sie entwickeln im Schauen den Willen dazu, diese Segnungen für sich in Anspruch zu nehmen, und sie arbeiten mit Gottes Hilfe an sich und den Umständen, um dieses Ziel zu erreichen.
Hühner erregen sich über Kleinigkeiten. Dadurch fühlen sie sich lebendig. In der Diskussion mit den anderen, wenn es so richtig laut hergeht, sind sie in ihrem Element. Wenn jeder der Neuigkeit noch etwas hinzufügen kann und sich die Stimmung so richtig hochschaukelt – dann sind Hühner glücklich.	Adler nehmen sich selbst nicht so wichtig. Wichtig für sie ist Gott. Ihre Priorität ist nicht die eigene Meinung, sondern der Blick auf Jesus. Da bleibt kein Raum, um sich über Kleinigkeiten aufzuregen oder über unterschiedliche Meinungen zu streiten.
Aus Hühnersicht besteht die ganze Welt aus ihrem kleinen Hof. Hier sind sie geboren. Hier leben sie. Hiermit beschäftigen sie sich und hier werden sie auch sterben.	Adler erreichen die höchsten Gipfel! Welch einen Blick haben sie von dort oben! Sie schwingen sich empor und die Welt liegt unter ihnen. Der Wind des Geistes weht durch ihr Gefieder und die Sonne wärmt sie. Sie wissen, dass sie mit Gottes Hilfe alles tun können, was er für sie vorgesehen hat. Tiefer Friede legt sich damit auf die Seele des Adlers und es wird immer leichter, sich dem Wind anzupassen. Sie vertrauen darauf, dass auch der nächste Höhenflug näher zu Gott führt und man sicher geleitet wieder dort ankommt, wo man hinsoll.
Hühner schimpfen auf die Umstände. Es gibt immer irgendetwas, worüber sie sich aufregen können.	Adler verändern die Umstände! Dazu nutzen sie die Autorität, die sie von Gott bekommen haben.

Hühner picken gackernd durch die Gegend. Alles ganz gemütlich.	Ein Adler weiß, wann er seine Kraft einsetzt und wann er sensibel sein muss. Er verschwendet seine Energie, seine Kraft, nicht einfach. Aber wenn es darauf ankommt, legt er alles hinein, was er hat. Wenn er aber zum Beispiel im Nest bei seinen Jungen ist, nimmt er sich völlig zurück und umsorgt sie einfach nur mit großer Liebe, Hingabe und Sensibilität.
Hühner gibt es ohne Ende. Das ist die große Masse. Keines sticht hervor. Bei Hühnerversammlungen stinkt es oft.	Adler gibt es selten. In der Gegenwart eines Adlers ist man erstaunt und ehrfürchtig. Man spürt eine gewisse Präsenz. Wenn Adler beisammen sind, herrscht eine ganz besondere Atmosphäre. Die Herrlichkeit Gottes ist hier gegenwärtig. *Wir möchten dich wirklich ermutigen: Ein Adler zu sein – oder zu werden –, ist etwas Besonderes. Du bist einzigartig. Gott hat in dich eine Berufung hineingelegt, weil er durch dich wirken will. Du bist geliebt, angenommen und wunderbar gemacht.*
Hühner werden beherrscht und werden gelebt. Jeden Tag im selben Trott. Was einem gesagt wird, tut man. Wenn auch mit Murren und Motzen.	Adler herrschen und leben. Sie herrschen in der Geistwelt und stehen für die Ziele Gottes ein. Sie haben wahres, von Gott gegebenes Leben in Freiheit und Freude.
Hühner werden von den Umständen beeinflusst. Fremde haben hier die Möglichkeit, zu manipulieren und die Umgebung der Hühner zu gestalten.	Adler schaffen sich die Umgebung, die sie möchten. Sie kreieren Freiräume, um in die Erfüllung zu kommen. *Ein Mensch mit Adler-Gen wird am Ende seines Lebens sagen können: »Ich habe meinen Lauf vollendet. Ich habe Glauben bewahrt. Ich habe meine Berufung gelebt.«*

Hühner haben großes Konkurrenzdenken. Dadurch halten sie sich selbst und auch die anderen um sich herum in Gefangenschaft. Sie gönnen keinem etwas. Sie wollen alles selbst haben. Sie halten andere klein, aus Angst, dass der andere mehr bekommen könnte als sie selbst. Sie trauen anderen nichts zu und fördern niemanden. Eifersucht und Neid spielen in ihrem Leben eine große Rolle.	Adler sehen in anderen das Potenzial, das Gott in sie hineingelegt hat, und führen sie in die Freiheit. Sie helfen und fördern andere und freuen sich darüber, wenn der andere sogar noch größer wird als sie selbst.
Hühner regen sich schnell auf und sie nerven andere extrem, wenn sie ihre Stimme erheben.	Ein Adler ist geduldig, und wenn er seine Stimme erhebt, erzeugt das Ehrfurcht und Respekt.
Hühner leben nur für sich selbst.	Ein Adler lebt für seine Familie und die ihm Anvertrauten.
Ein Huhn landet im Backofen!	Ein Adler landet auf den höchsten Bergen!

Wie lautet deine Entscheidung?

Wirst du auf den höchsten Bergen landen, wozu Gott dich berufen hat? Die Vision, die dein Herz zum Schlagen bringt, die Bestimmung, die du in dir trägst, wirst du nur dort erreichen.

Oder wirst du im Hühnerhof scharren und dich ab und zu mal nach dem »Draußen« sehnen – benutzt von Menschen, ohne Einfluss auf dein eigenes, geschweige denn auf das Leben anderer?

Natürlich ist der Vergleich eine bewusste Kontrastierung. Wenn wir in unser Umfeld schauen, wirst du im Leben vieler Menschen immer wieder Hühner-Eigenschaften entdecken. Auch in deinem eigenen Leben. Unser Weg der Nachfolge ist eben genau das, ein Weg. Wir ermutigen dich, den Herrn Jesus im Blick zu behalten. Sobald Hühnerallüren aufkommen wollen, wird der Heilige Geist dich an alles erinnern, was Jesus seinen Jüngern aus dem Reich Gottes gelehrt hat, stimmts (Johannes 14,26)?

Wir ermutigen dich, heute eine Entscheidung zu treffen. Diese Entscheidung trifft kein anderer für dich. Nicht dein Ehepartner, nicht deine Kinder, nicht dein Leiter und nicht dein Nachbar. Du bist für dein Leben verantwortlich und du kannst heute die Entscheidung treffen, einen Unterschied zu machen in dieser Welt. Du kannst dich dafür entscheiden, ein Adler zu sein. Du kannst deinen Blick auf die Sonne richten – auf Jesus Christus. Du kannst deine Stellung so verändern, dass der Wind des Heiligen Geistes dich emporhebt. Und du kannst im Vertrauen auf Gottes Güte und seine Führung immer höher und höher steigen und auf den höchsten Gipfeln landen. Du kannst deiner Bestimmung folgen und die Berufung, die Gott auf dein Leben gelegt hat, ausfüllen.

Wenn du dich dazu entschieden hast, kannst du den folgenden Psalm lesen wie ein Gebet:

> Preise den Herrn, meine Seele, und all mein Inneres seinen heiligen Namen! Preise den Herrn, meine Seele, und vergiss nicht alle seine Wohltaten! Der da vergibt alle deine Sünde, der da heilt alle deine Krankheiten. Der dein Leben erlöst aus der Grube, der dich krönt mit Gnade und Erbarmen. Der mit Gutem sättigt dein Leben. Deine Jugend erneuert sich wie bei einem Adler.
> *Psalm 103,1-5*

Eigenschaften eines Adlers

Wir sind uns sicher, dass du dich für das Adler-Sein entschieden hast. Halleluja! Nun kannst du dich freuen, denn es gibt bestimmte Erfahrungen, die nur der Adler macht, und Eigenschaften, die nur er hat:

Wenn sich ein Adler ausruhen will, landet er nicht auf dem Boden. Nein, er setzt sich meist auf einen Felsen. Nach einer Zeit der Ruhe wartet er darauf, dass eine Luftströmung, ein Aufwind, kommt und ihn wieder von seiner felsigen Erhöhung emporhebt. Für den Menschen mit Adlernatur bedeutet das, sich selbst in eine gute Position zu bringen und den richtigen Augenblick abzuwarten. Du darfst lernen zu vertrauen und auf den Herrn zu harren. So wie es in Jesaja 40,31 steht: »Aber die auf den Herrn hoffen, gewinnen neue Kraft; sie heben die Schwingen empor wie die Adler, sie laufen und ermatten nicht, sie gehen und ermüden nicht.«

Wir brauchen dieses Vertrauen. Nur dann können wir im Sturm fliegen. Überhaupt bedeutet ein Sturm lediglich eine neue Herausforderung. Ein Adler wird erst richtig lebendig, wenn sich ein Sturm nähert. Er beginnt zu kreisen und fliegt immer höher und höher und über den Sturm hinweg. Ein Adler ist eben kein Huhn, das sich vor lauter Angst in den Hühnerstall flüchtet und sich dort vor dem Sturm versteckt. Sondern er sieht Stürme als Chance, über sich hinauszuwachsen und in Höhen aufzusteigen, die sonst unerreichbar wären. Für uns bedeutet das, dass wir nur unsere Flügel ausbreiten müssen, wenn uns ein starker Windstoß erreicht. Dann kann Gott uns tragen. In 2. Mose 19,4 lesen wir, dass Gott uns sicher zu sich bringen will, wie ein Adler, der seine Jungen trägt.

Als Adler hast du einen geschärften Blick, eine Intuition dafür, was kommt. Du siehst und spürst, wenn sich irgendwo ein Sturm zusammenbraut. Mit der Zeit wird dieser Blick immer schärfer durch deine Zusammenarbeit mit dem Heiligen Geist. Dadurch kannst du dich, bereits bevor dich der Sturm erreicht, von Gott an andere Orte führen lassen und deine Familie mit dir. So kann euch der Sturm nichts mehr anhaben. Gott kann dich in die Arche führen, bevor der Regen kommt. Du wirst in eine große Freiheit hineinkommen, wenn du bereit bist, alles zu geben für den, der alles gegeben hat für dich.

Auch die Vogelperspektive gehört zu diesen besonderen Erfahrungen, die du nun machen kannst. Du kannst von oben auf die Probleme schauen. Liegt ein Problem direkt vor dir, erscheint es dir riesengroß. Aber stell dir vor, du siehst etwas von weit oben, dann erscheint es dir nichtig und klein. Fliege über deine Probleme hinweg, indem du auf Gott schaust, ihn preist und ihm einfach für die Lösung dankst.

Ein Adler ist mutig, stark und erstaunlich geschickt. Er kümmert sich voller Hingabe um seine Jungen. Er ist ein zuverlässiger Partner und treu bis zum Lebensende. Treue ist so wertvoll! Ein Adler hat großes Selbstvertrauen. Er weiß, er dient dem Allerhöchsten als sein Botschafter. Ein Adler hat keine Angst vor Problemen, sondern stellt sich den Stürmen des Lebens.

Wenn der Adler losfliegt, richtet er seinen Blick immer direkt in die Sonne. Kraft durchströmt ihn und er steigt auf. So sollen auch wir unseren Blick fest auf Jesus richten und in seiner Kraft vorwärtsgehen.

Auch das Verhalten des Adlers im Angesicht seiner Feinde soll uns ein Beispiel sein. Wenn er zum Beispiel von Krähen angegriffen wird, steigt er immer höher in die Lüfte. Irgendwann wird die Luft für die Feinde zu dünn und sie müssen sich zurückfallen lassen. So soll es auch bei uns sein. Wir wollen, wenn der Feind angreift, nicht auf die Erde zurückfallen, sondern »himmlisch« handeln. Statt uns zurückzuziehen, lasst uns uns immer mehr auf Gott ausrichten. Wir wollen den Heiligen Geist wirken lassen und göttlich denken, reden und handeln. Dann wird die Luft für den Feind mit der Zeit zu dünn! Er kann uns nicht mehr folgen.

Dieses Adler-Sein soll uns ein Beispiel geben, wie wir in unser Potenzial hineinwachsen können. Gott hat schon so viel in uns hineingelegt und das gilt es nun zu entfalten. Wir haben ja keine Vorstellung davon, was Gott alles mit uns tun kann. Wir können es uns nicht erträumen, welch große Pläne er mit jedem von uns hat. Auch wenn du dir heute noch nichts zutraust – Gott traut es dir zu! Jesus möchte, dass du vorangehst. Du sollst nicht in deinen Ängsten stecken bleiben, sondern bereit sein, auch einmal Fehler zu machen.

Vielleicht werden wir kritisiert, vielleicht verlacht. Aber wenn wir auf Jesus schauen und weitergehen, werden wir immer mutiger! Der Heilige Geist wird immer stärker durch uns fließen und wir werden aufsteigen und fliegen.

Wir brauchen nichts allein tun – alles wirkt der Heilige Geist in und durch uns. Wir müssen uns Gott nur völlig hingeben. Das sind die Menschen, die Gott sucht. Menschen, die fokussiert sind auf Jesus. Menschen, die nicht auf sich selbst sehen. Menschen, denen nichts auf der Welt wichtiger ist, als Gott durch ihr eigenes Leben zu ehren. Menschen, über die Jesus selbst sagt:

> Denn wer sein Leben retten will, wird es verlieren;
> wer aber sein Leben verliert um meinetwillen, wird es finden.
> *Matthäus 16,25*

Vergiss nie, dass du von Gott als ein wunderbarer Mensch geschaffen worden bist, der diese Adlernatur bereits in sich trägt. Egal, was du bisher über dich gedacht hast oder was Menschen über dich gesagt haben: Du bist etwas Besonderes. Gott hat gerade dich geschaffen, um im Reich Gottes zu wirken. Wenn du auf ihn schaust, wird er dir immer und immer wieder neue Kraft schenken, dass du auffahren wirst mit Flügeln wie ein Adler. Du wirst laufen und nicht müde werden.

Und vergiss nicht zu laufen! Es heißt nicht: Bleib zu Hause und warte darauf, dass etwas passiert. Das heißt, du darfst in Bewegung sein. Du darfst rausgehen und dich ausprobieren. Du darfst deine Flügel ausstrecken und beginnen zu fliegen. Ergreife das im Glauben und sage: »Jesus, ab heute will ich fliegen! Ich will mich von dir tragen und leiten lassen und will ein Adler in deinem Reich sein.«

Flieg, Adler! Flieg – ab durch die Decke und hinein in die Herrlichkeit Gottes!

Nachwort

DANIEL EXLER

Die Idee zu diesem Buch kam Maria und mir während unserer Arbeit an den YouTube-Videos zu den »40 Tage Reich Gottes«-Inputs während des Corona-Lockdowns. Wir spürten, dass es da so ein paar Punkte gibt, die noch näher ausgeführt werden sollten.

Alle Themen, die wir für dieses erste gemeinsame Buch ausgewählt haben, sollen dir helfen, um in deinem geistlichen Wachstum weiter voranzukommen. Wenn wir uns ernsthaft mit den Themen der Bibel beschäftigen, beginnt der Heilige Geist in uns zu wirken. Ich möchte dich ermutigen, dass du hier nicht einfach einen Haken setzt und das Buch als erledigt ins Regal stellst.

Vielleicht erinnert dich der Heilige Geist an das ein oder andere Kapitel während deines Alltags. Dann kannst du noch einmal tiefer in die Thematik eintauchen. Vertiefe dich in die entsprechenden Bibelverse. Sieh dir genauer an, was Gott dazu in der Bibel sagt. Die Boxen mit »Deine Ermutigung aus dem Wort« und die Gebete am Ende jedes Kapitels können dir sicher bei der Nacharbeit helfen.

Ich bin der festen Überzeugung, dass der Heilige Geist bereits, während du das Buch gelesen hast, an dir gearbeitet hat. Halte daran fest. Lass dir die kleinen Siege, die du dabei schon errungen hast, nicht wieder rauben. Du bist auf einem wunderbaren Weg – auf dem Weg in die Herrlichkeit!

Wir wünschen uns, dass dieses Buch eine Art Sprungbrett für dich sein kann. Und ich hoffe, du springst auf, um dann ab durch die Decke hinein ins Reich Gottes durchzustarten.

Liebe ist kein Gefühl

Ich weiß in meinem Herzen: Liebe … Liebe ist kein Gefühl.
Gott ist die Liebe. Liebe ist kein Gefühl. Liebe
ist eine Entscheidung.
Dann höre ich jemanden sagen: Wir lieben uns nicht mehr.
Wir trennen uns.
Die Gefühle sind einfach weg.
Es fühlt sich nicht mehr gut an.

Liebe fühlt sich nicht immer gut an! Liebe kümmert sich.
Liebe sorgt für den anderen, auch wenn er niemals sieht,
was es dich kostet.
Liebe gibt. Bedingungslos. Liebe versteht.
Liebe ist das, was du tust, obwohl du dich nicht danach fühlst!
Liebe fühlt sich nicht immer gut an!
Liebe ist das, was Jesus dort am Kreuz für mich getan hat …

Liebe *fühlt* sich nicht immer gut an!
Jesus fühlte sich nicht gut, als er dort am Kreuz hing.
Er litt unsagbar!
Er trug meine Schuld, mein Versagen, meine Krankheit …
Das fühlte sich nicht gut an.
Aber er tat es aus Liebe! Aus Liebe zu mir.
Seine Liebe ist in mein Herz ausgegossen
durch den Heiligen Geist.
Wie könnte ich sagen: Da ist keine Liebe mehr?
Gott ist die Liebe.

Monika Müller

Anmerkungen

1 Vgl. 1. Timotheus 6,17-19.

2 Dieser Auszug entstammt dem Traktat Nr. 710, das vom Missionswerk »Die Bruderhand e. V.« (Wienhausen) herausgegeben wurde.

3 Nachzulesen in Matthäus 18,21-35.

4 Hier nachzuhören auf Englisch: http://www.janicemcbride.com/_audio/Janice-McBrides-Personal-Testimony.mp3 (letzter Aufruf 04.08.2022).

5 Das steht in 1. Johannes 1,9.

6 Nachzulesen in Apostelgeschichte 14,8-10.

7 Frei nach Hermann Gilhaus.

Lukas Gotter
WIE IM HIMMEL SO AUF JEDEN FALL
Das Königreich Gottes verstehen, leben und erwarten
SCM